A DOUTRINA DO CORAÇÃO

A DOUTRINA DO CORAÇÃO

EXCERTOS DE CARTAS HINDUS

Com prefácio de ANNIE BESANT

Editora Teosófica

Edição Inglesa 1972
The Theosophical Publishing House
Adyar Chennai, Índia

EDITORA TEOSÓFICA,
SGAS, Quadra 603 – Conj. E, s/nº
70 200 630 - Brasília-DF, Brasil
Tel.: (61) 3322-7843
Fax: (61) 3226-3703
E-mail: editorateosofica@editorateosofica.com.br
Site: www.editorateosofica.com.br

B 554 Besant, Annie 1847–1933

A doutrina do coração
Tradução: Ângela do Nascimento Machado
Editora Teosófica, Brasília, 2012

Tradução de: *The doctrine of the heart*
ISBN 85-85961-35-X

1. Teosofia
II. Título CDD 212

Capa: Fernando Lopes
Diagramação: Raimunda Dias
Revisado conforme o novo acordo ortográfico: Gilberto Cereja

SUMÁRIO

SUMÁRIO

PREFÁCIO À EDIÇÃO BRASILEIRA

Temos a satisfação de oferecer ao nosso público leitor, num só volume, três preciosas obras da Dra. Annie Besant: *A Doutrina do Coração, A Vida Teosófica* e *Revelação, Inspiração e Observação.* Apesar de serem originais clássicos do ocultismo escritos no início do século, ainda são inéditos em nossa língua.

A Senda Espiritual do Ocultismo tem sido muito difundida na literatura contemporânea, mas raramente o tema tem sido abordado com a profundidade que o leitor encontrará neste texto. Eis o porquê de nossa preocupação em resgatar textos antigos, que são anteriores ao modismo ocultista, hoje tão generalizado e, frequentemente, comercializado numa apresentação superficial.A autora afirma em *A Vida Teosófica* que se o estudante dessa temática ocultista "não se tornar sábio para o auxílio de todos ao seu redor, então a sua vida é verdadeiramente pior que a vida ordinária". Pois a Senda acelerada que conduz mais rapidamente aos últimos estágios da evolução humana existe justamente para que o peregrino, espiritualmente fortalecido, possa facilitar o caminho e aliviar o fardo daqueles que seguem na sua retaguarda. Assim, encontramos no clássico ocultista *Luz no Caminho:* "...procura aliviar algum tanto o pesado *karma* que ao mundo oprime; presta a tua ajuda aos poucos braços vigorosos que impedem as potências das trevas de obter uma completa vitória. Agindo desta forma, começarás a participar da felicidade que, em verdade, acarreta um terrível trabalho e uma tristeza profunda, porém que é também um manancial de delícias sem fim". Essa é a Senda acelerada a das "alegrias e tristezas supraterrenas". Também Madame Blavatsky, em *Ocultismo Prático,* alertava que: "uma vez tenha o desejo pelo Ocultismo realmente despertado no coração do homem, não resta para ele qualquer esperança de paz, nem lugar algum de alívio e sossego em todo o mundo... já não encontra sossego ou paz na vida de todos os dias".

Dessa Senda de altruísmo, autoentrega e autossacrifício em prol dos demais trata *A Doutrina do Coração,* o genuíno Ocultismo; em contraposição à doutrina do olho - o mero intelectualismo e discussões metafísicas congêneres, não pertinentes à verdadeira prática da vida espiritual, que se expressa na transformação de nossa conduta diária.

Em *A Vida Teosófica,* a autora apresenta um brilhante comentário sobre os resultados que uma genuína compreensão da reencarnação e do *karma* deveriam produzir em nossa vida cotidiana. É particularmente rara a maneira como o *karma* é apresentado, em contraposição ao determinismo, como uma criação contínua do nosso livre-arbítrio. Por isso, diz a autora: "Poucas coisas, talvez, sejam tão perigosas como um pequeno conhecimento da lei do *karma.* E, infelizmente, muitos de nós paramos no ponto de um pequeno conhecimento". *Karma* "...é uma criação contínua, e não algo estático esperando por nós". "O *karma* que você gera cada dia está modificando todos os resultados do *karma* do passado".

Em *Revelação, Inspiração e Observação,* a autora considera os aspectos religiosos, místicos e científicos do estudo e investigação no Ocultismo, de modo a evitar a crença cega, a superstição e o fanatismo que costumam vigorar nessas áreas e que têm sido causa de terríveis males e guerras na história da humanidade.

Fica assim o leitor convidado a investigar e descobrir por si mesmo o valor das páginas que seguem.

A Editora

PREFÁCIO

> "Aprende a discernir o real do falso, o fugaz do permanente. Aprende, sobretudo, a separar a *erudição da Cabeça* da *sabedoria da Alma,* a *Doutrina do Olho* da *Doutrina do Coração.*"
>
> *A Voz do Silêncio*

Sob o título *A DOUTRINA DO CORAÇÃO* apresentamos neste texto uma série de ensaios que consistem principalmente de cartas recebidas de amigos indianos. Elas não são apresentadas como provenientes de alguma "autoridade", mas simplesmente reúnem pensamentos que alguns de nós consideraram úteis, e que, portanto, desejamos partilhar com os demais. Destinam-se apenas àqueles que resolutamente buscam viver a Vida Superior e especialmente aos que sabem que esta vida conduz ao ingresso definitivo no Caminho do Discipulado sob a orientação dos Irmãos Superiores[1] que trilharam este caminho no passado e que permaneceram na Terra para auxiliar outros a trilharem-no, por sua vez. Os pensamentos contidos nestas cartas são pensamentos que pertencem a todas as religiões, embora a expressão e os sentimentos sejam indianos. A devoção é do tipo nobre e intensa, conhecida no Leste como *Bhakti* - a devoção que entrega a si mesma completa e sem reservas a Deus e ao Homem Divino, através do qual Deus se manifesta na carne para os devotos. Esta *Bhakti* encontrou sua expressão mais perfeita no Hinduísmo, e os escritores destas cartas são hindus, acostumados à riqueza extraordinária do sânscrito e transformando o inglês mais áspero numa construção harmoniosa de pensamentos, por meio da doçura poética de sua língua materna. A indiferença e a dignidade reservada dos anglo-saxões e sua reserva emocional são inteiramente estranhas ao fluxo interior do sentimento religioso que transborda do coração oriental tão naturalmente como a canção da cotovia. Em diversos locais no Ocidente encontramos verdadeiros *Bhakta* (devoto) como São Tomás de Kempis, Santa Thereza, São João da Cruz, São Francisco de Assis, Santa Elizabeth da Hungria. Mas, na maioria das vezes, o sentimento reli-

[1] Referência aos ***MAHATMAS*** ou ***ADEPTOS*** (N.T.)

gioso no Ocidente, embora profundo e verdadeiro, tende ao silêncio e a esconder-se em si mesmo. Para aqueles que evitam a expressão deste sentimento, estas cartas não serão de muito auxílio, e nem pretenderiam tanto.

Consideremos agora um dos maiores contrastes da Vida Superior. Todos nós reconhecemos que o Ocultismo nos faz exigências de tal ordem que há a necessidade de um certo isolamento e rígida autodisciplina. Aprendemos, tanto através de nossa muito amada e reverenciada H.P.B. como das tradições da Vida Oculta, que a renúncia e o autocontrole rigorosos são indispensáveis para aqueles que atravessam o portal do Templo. O *Bhagavad-Gitā* constantemente reitera o ensinamento da indiferença à dor e ao prazer, do perfeito equilíbrio sob todas as circunstâncias sem o qual não é possível a *Yoga* verdadeira. Este lado da Vida Oculta é reconhecido em teoria por todos, e alguns se esforçam com seriedade para moldarem-se a tais ensinamentos. O outro lado da Vida Oculta é apresentado em *A Voz do Silêncio* e consiste na imensa compaixão para com todos os seres sencientes e da pronta resposta a cada necessidade humana cuja perfeita expressão é encontrada NAQUELES a quem servimos, conferindo-lhes, portanto, o título de "Os Mestres de Compaixão". Tais são os principais tópicos para os quais estas cartas procuram direcionar os nossos pensamentos, sempre no aspecto cotidiano e prático, e é exatamente esse lado prático que desprezamos na maioria das vezes em nossas vidas, embora muito da sua beleza e perfeição possam tocar nossos corações. O verdadeiro Ocultista, embora seja para si mesmo o mais severo dos juízes, o mais rígido dos capatazes, é para os que estão à sua volta o mais querido dos amigos, o mais gentil dos auxiliares. Atingir essa gentileza e o poder da compaixão deveria ser o objetivo de cada um de nós, e somente pode ser obtido através da prática constante da gentileza e compaixão para com todos os que nos rodeiam sem exceção. Cada candidato à Ocultista deve ser uma pessoa, em sua casa e em sua convivência, a quem todos procuram de imediato na dor, na ansiedade e no mal, na certeza da amizade, na certeza do auxílio. O mais despojado de atrativos, o mais enfadonho, o mais repulsivo dos seres deve sentir que nele, pelo menos, encontra um amigo. Todo o anseio de uma vida melhor, todo desejo embrionário do servir altruísta, cada querer incipiente de uma vida mais nobre deve nele encontrar alguém pronto a encorajar e fortalecer, para que toda semente do bem possa iniciar a germinar sob a presença reconfortante e estimulante da sua natureza amorosa.

Alcançar este poder de serviço é uma questão de autotreinamento na vida diária. Primeiro, devemos reconhecer que o SER em todas as coisas é uno, de modo que com cada pessoa que tenhamos contato, devemos ignorar o que nela não é agradável em seu envoltório exterior[2] e reconhecer o SER em seu coração. O próximo passo é compreender - em sentimento e não somente em teoria - que o SER está buscando expressar-se através dos revestimentos que o obstruem e que a natureza interior é inteiramente amável, chegando a nós desfigurada pelos invólucros que a envolvem. Então, devemos nos identificar com este SER, que é em verdade nós mesmos em essência, e cooperar com ele em sua luta contra os elementos inferiores que sufocam a sua expressão. E, uma vez que devemos trabalhar com o nosso irmão através de nossa própria natureza inferior, a única maneira de efetivamente ajudar é *ver as coisas como nosso irmão as vê,* com suas limitações, seus preconceitos, sua visão distorcida; e, desta forma, vendo-as e sendo atingido por elas em nossa natureza inferior, devemos ajudá-lo na sua maneira de ser e não na nossa, pois somente assim a real ajuda poderá ser ofertada. Conseguimos isto com o treinamento Oculto. Aprendemos a nos afastar de nossa natureza inferior, a estudá-la, a sentir seus sentimentos sem sermos afetados por eles, e, assim, enquanto experimentamos emocionalmente, julgamos, intelectualmente.

[2] A autora refere-se ao eu inferior ou personalidade (do grego *PERSONA*, máscara), que na literatura teosófica simboliza o agregado dos corpos físico, emocional e mental, enquanto envoltório exterior da expressão do Ser ou Eu Superior. (N.T.)

Devemos utilizar este método para ajudar nosso irmão e, enquanto sentirmos como ele sente, tal qual a corda afinada ressoa na corda equivalente ao ser tocada, temos de utilizar a nossa personalidade (eu inferior) desidentificada para julgar, aconselhar e elevar. Isto deve ser feito de tal forma que o nosso irmão esteja consciente de que é a sua natureza superior que está expressando a si mesma através dos nossos lábios.

Devemos desejar compartilhar o que temos de melhor; não reter, mas dar; tal é a vida do Espírito. Com frequência o "melhor" de nós poderia não ser atrativo para aquele que estamos tentando ajudar, tal como uma nobre poesia declamada para uma criança; então, deveremos dar o melhor que ele possa assimilar, guardando o restante, não porque nós o repelimos, mas porque ele ainda não o quer. Assim os Mestres da Compaixão nos auxiliam, nós que somos crianças para Eles; da mesma forma devemos buscar ajudar aqueles que são mais jovens que nós na vida do Espírito.

Também não devemos esquecer que a pessoa que acontece estar conosco num determinado instante é destinada a nós pelo Mestre para servir naquele momento. Se, por negligência, impaciência ou indiferença não o atendermos, teremos faltado em nosso trabalho para com o Mestre. Com frequência esquecemos este dever imediato absorvendo-nos em outro trabalho, não compreendendo que a ajuda da alma humana que nos é enviada *é* o nosso trabalho do momento; devemos estar atentos a esse perigo mais sutil, porque o dever é usado para mascarar o dever, e a falha na percepção é a falha na realização. Não devemos nos apegar nem mesmo ao trabalho de qualquer espécie; na verdade, sempre trabalhando, mas com a alma livre e "atenta", pronta para captar o mais leve sopro d'Ele que pode necessitar de nossos serviços para alguém desamparado, o qual, através de nós, Ele deseja ajudar.

A austeridade do eu inferior, mencionada acima, é uma condição deste serviço de auxílio, pois somente aquele que não se preocupa consigo mesmo, indiferente ao prazer ou dor pessoais, é suficientemente livre para ter a perfeita empatia. Não tendo necessidades, ele pode dar tudo. Não tendo apego a si mesmo, torna-se o amor encarnado para os outros.

Em Ocultismo, o livro da vida é aquele para o qual voltamos a nossa maior atenção. Estudamos outros livros simplesmente por ser necessário para que se possa viver, pois o estudo, até mesmo de obras ocultistas, é somente um meio para a espiritualidade, se estivermos buscando viver a Vida Oculta; é a vida e não o conhecimento, o coração puro e não um intelecto abarrotado, que nos conduz aos pés do nosso Mestre.

A palavra "devoção" é a chave para todo o verdadeiro progresso na vida espiritual. Se, durante o trabalho, buscarmos o crescimento do movimento espiritual e não o sucesso gratificante, o servir aos Mestres e não a nossa autogratificação, não seremos desencorajados pelos fracassos temporários, nem pelas nuvens e desalentos que experimentamos em nossa própria vida interior.

Servir pela finalidade do serviço e não pelo prazer de servir é tomar um passo avante, pois então começamos a adquirir o equilíbrio, que nos capacita a servir com contentamento tanto no fracasso como no sucesso, na escuridão interior e na luz interior. Quando conseguimos dominar a personalidade até o ponto de sentirmos um prazer real do trabalho para o Mestre, trabalho esse doloroso para a natureza inferior, o próximo passo é fazê-lo zelosa e integralmente, mesmo quando então esse prazer desaparece e toda a alegria e a luz tornam-se obscurecidas. Por outro lado, ao servirmos aos sagrados seres, poderemos estar servindo a nossa própria personalidade, isto é, servindo, para obtermos alguma recompensa d'Eles, ao invés de o fazermos por puro amor.

Até onde esta forma sutil de egoísmo prevalecer, correremos o perigo de nos afastarmos do serviço se a escuridão permanecer por um bom tempo à nossa volta e se nos sentirmos mortos interiormente e sem esperanças. É nesta noite do espírito que o serviço mais nobre é retribuído, e os últimos laços do eu inferior são rompidos.

Aplacamos esta tensão com a devoção, porque descobrimos que os aspirantes em todas as partes correm riscos, e o progresso do trabalho do Mestre é obstruído pela predominância do ser pessoal. Aqui está o nosso inimigo, aqui é o nosso campo de batalha. Identificando isto, o aspirante deveria saudar todos os acontecimentos de sua vida diária que aparam as arestas da personalidade e deveria ser agradecido a todas as "pessoas desagradáveis" que reprimem e irritam sua sensibilidade e que perturbam seu amor próprio. São seus melhores amigos, seus auxiliares mais úteis, e jamais deveriam ser considerados senão com gratidão pelos serviços que prestaram no aniquilamento do nosso inimigo mais poderoso. Observando a vida diária desta forma, ela se torna uma escola de Ocultismo, e começamos a aprender que o equilíbrio perfeito, necessário nos caminhos mais avançados do discipulado, anterior ao conhecimento mais profundo e ao poder consequente, pode ser colocado em nossas mãos. Onde não existe um sereno autodomínio, indiferença aos assuntos pessoais, tranquila devoção ao trabalho para os outros, não há um verdadeiro Ocultismo, não há vida verdadeiramente espiritual. O psiquismo inferior não requer nenhuma dessas qualidades, sendo por isso avidamente dominado pelos pseudo-ocultistas; mas a Loja Branca solicita-as dos seus postulantes, e faz desta aptidão a condição de acesso à Classe dos Neófitos. Portanto, que seja o objetivo de cada aspirante treinar para poder servir e praticar a rígida autodisciplina de modo que "quando o Mestre olhar dentro do seu coração não encontre nele nenhuma mácula". Então, Ele o pegará pela mão e o conduzirá.

Annie Besant

A DOUTRINA DO CORAÇÃO

O desastre paira sobre aquele que faz depender a sua fé das parafernálias externas e não da paz da vida interna, a qual não depende das circunstâncias da vida externa. Na verdade, quanto mais desfavoráveis forem as circunstâncias externas e quanto maior for o sacrifício de viver em meio a tais circunstâncias, mais próximos estaremos do objetivo final, por causa da própria natureza das provações que temos de superar. Portanto é desaconselhável ser atraído demasiadamente por qualquer manifestação externa de vida religiosa, pois tudo o que está no plano da matéria é efêmero, ilusório e conduz necessariamente ao desapontamento. Todo aquele que é fortemente atraído por qualquer das modalidades externas do viver terá de aprender, mais cedo ou mais tarde, a relativa insignificância de todas as coisas exteriores. E quanto mais cedo passarmos pelas experiências exigidas pelo *karma* passado, melhor para nós. De fato é sempre desagradável ser subitamente arrancado do próprio meio, mas a taça que cura a insensatez é sempre amarga e deve ser tomada para que a doença seja erradicada. Quando a brisa gentil que vem da "Flor de Lótus" soprar sobre a alma, então você saberá que o pior ambiente externo não é suficientemente poderoso para superar a música que ela traz.

Assim como um europeu que é atraído pelo Ocultismo sente-se mais próximo dos Grandes Seres quando se encontra na Índia, assim um indiano sente-se quando escala as alturas do seu nevado Himavat, embora seja uma ilusão, pois ninguém se aproxima dos Senhores da Pureza através da locomoção física, mas sim tornando-se mais puro e mais forte através do sofrimento constante pelo bem-estar do mundo. Quanto à ignorância do pobre iludido mundo com relação aos nossos reverenciados Senhores, lembramo-nos das palavras: "O sibilar da serpente causa um mal maior ao sublime Himavat do que a calúnia e o abuso do mundo a qualquer um de nós".

Se alguma vez for admitido, como deveria ser por todos aqueles que possuem algum conhecimento de Ocultismo, que existem hostes de agentes invisíveis interferindo constantemente nos afazeres humanos,

Elementais e Elementares de vários graus criando todo tipo de ilusão e mascarando as aparências, assim como os membros da Loja Negra que se regozijam em enganar e iludir os aspirantes da verdadeira sabedoria - dever-se-á também reconhecer que a Natureza, em sua imensa misericórdia e absoluta justiça, deve ter dotado o homem com uma tremenda faculdade para discriminar entre as vozes destes habitantes etéreos e as dos Mestres. E imagino que todos concordarão que razão, intuição e consciência são nossas faculdades mais elevadas, o único meio pelo qual podemos distinguir o verdadeiro do falso, o bem do mal, o certo do errado. E assim, tudo que deixe de iluminar a razão e que não satisfaça as pretensões mais escrupulosas de natureza moral não deve jamais ser considerado como uma comunicação dos Mestres.

Lembremo-nos também de que Eles são Mestres de Sabedoria e de Compaixão, que Suas palavras iluminam e expandem, nunca confundem ou atormentam a mente; elas confortam, não perturbam; elevam, não rebaixam. Eles nunca utilizam métodos que debilitam ou paralisam a razão e a intuição. Qual seria o resultado inevitável se esses Senhores do Amor e da Luz forçassem comunicações com Seus discípulos aviltando igualmente a razão e o senso ético? Uma credulidade cega tomaria o lugar da fé inteligente, haveria paralisia moral no lugar de crescimento espiritual, e os Neófitos seriam abandonados, sem nada para orientá-los, constantemente a mercê de qualquer ninfa travessa, ou, ainda pior, de um Dugpa malévolo.

Será este o destino do discipulado? Poderá ser este o caminho do Amor e da Sabedoria? Não acredito que qualquer homem sensato acredite nisto por um instante sequer, embora por um momento certo encantamento possa ser lançado sobre ele, fazendo com que admita os mais rematados absurdos.

Entre as várias dúvidas surgidas na mente do discípulo, causando-lhe angústia, está a dúvida se uma fraqueza física pode ser um obstáculo ao progresso espiritual. O processo de assimilação do alimento espiritual não envolve fluxo de energias físicas, e o progresso espiritual pode continuar enquanto o corpo sofre. É um ledo engano, decorrente de falta de conhecimento e de equilíbrio, supor-se que a tortura e a inanição do corpo o torne-o suscetível a experiências espirituais. É por fazer aquilo que melhor serve ao propósito dos Santos Seres que o progresso firme e real é obtido. Quando é chegado o momento certo das experiências espirituais ficarem impressas na consciência cerebral, o corpo não pode obstaculizar o caminho. A pouca dificuldade que pode ser por ele ocasionada também pode ser suplantada em segundos. É uma ilusão imaginar-se que qualquer esforço físico possa promover o progresso espiritual por um único passo que seja. A maneira de nos aproximarmos Deles é realizando o que de melhor se adapta à Sua vontade, e assim agindo, nada mais é necessário ser feito.

A mim me parece que há uma suavidade peculiar em ser resignadamente paciente, em sacrificar com alegria a vontade própria pela vontade Daqueles que sabem mais e sempre guiam de modo correto. Não existe desejo pessoal na vida do Espírito. Portanto, o discípulo deve alegremente sacrificar sua felicidade pessoal enquanto Eles descobrem o momento certo de trabalhar para os outros através dele. Talvez o discípulo sinta-se algumas vezes desamparado quando está só, mas ele sempre Os encontrará ao seu lado quando existe trabalho a ser realizado. Períodos de trevas devem se alternar com períodos de luz, e certamente a escuridão chegará em um momento em que afetará somente a nós, e então nossa dor pessoal será assim intensificada. Sentir a presença e influência Deles é realmente o presente mais divino imaginável, mas mesmo isto deveremos estar prontos a sacrificar, se, renunciando ao que estimamos como o mais elevado e melhor, o atingimento do bem final do mundo, torna-se mais fácil.

Tente e compreenda a beleza do sofrimento desde que somente este nos torna mais aptos para o trabalho. Certamente não podemos nunca almejar a paz pessoal se o mundo em luta deve ser ajudado. Tente e sinta que, embora a escuridão pareça preencher tudo à sua volta, ela *não* é real. Se algumas vezes Eles Se revestem de *Māyā* exterior de indiferença, isso é apenas para emitir Suas bênçãos com maior abundância quando o tempo é chegado. As palavras não têm grande utilidade quando a escuridão prevalece, entretanto, o discípulo deve procurar permanecer com sua fé inabalável na proximidade dos Grandes Seres e sentir que, embora a luz esteja temporariamente afastada da mente-consciência, ela, sábia e misericordiosa, sob a supervisão Deles, cresce interiormente todos os dias. Quando a mente torna-se novamente sensível, reconhece com surpresa e alegria como o trabalho espiritual tinha estado em franco progresso, embora sem a conscientização dos detalhes. Conhecemos a Lei. No mundo espiritual, noites de maior ou menor horror invariavelmente seguem-se ao dia, e os sábios, reconhecendo a escuridão como a consequência de uma lei natural, não mais se afligem. Podemos repousar seguros de que a escuridão por sua vez se dissipará. Lembremo-nos sempre de que por trás da fumaça mais espessa sempre se encontra a luz da Flor de Lótus dos Grandes Senhores da terra. Permaneça firme e nunca perca a fé Neles, e então nada há a temer. Deveis ter provas e certamente as tereis, mas estareis seguros de resistir-lhes. Quando a escuridão que envolve a Alma como uma mortalha se dissipar, conseguiremos ver como era imaginária e ilusória. Entretanto, enquanto tal escuridão perdurar, ela será real o suficiente para causar a ruína de muitas almas nobres que ainda não adquiriram força bastante para resistir.

A vida espiritual e o amor não se exaurem pelo uso. O gasto apenas faz com que o estoque aumente, tornando-o mais rico e intenso. Tente e seja tão feliz e alegre quanto possa, pois a verdadeira vida espiritual está na alegria, e o pesar é apenas o resultado da nossa ignorância e ausência de uma clara visão.

Você deve resistir, tanto quanto possa, ao sentimento de tristeza que obscurece a atmosfera espiritual. Embora não possa impedir inteiramente a sua chegada, não se renda por completo ao pesar. Lembre-se de que a Beatitude mora no coração do Universo.

O desespero não deve encontrar guarida no coração do discípulo devotado, pois ele enfraquece a fé e a devoção, construindo uma arena para os Poderes das Trevas ali combaterem. Este sentimento é apenas um encanto lançado por eles para torturar o discípulo, e, se possível, obterem alguma vantagem a partir desta ilusão. Aprendi, através da experiência mais amarga, que a autoconfiança é ineficaz e até decepcionante em provas desta natureza, e a única maneira para escapar incólume destas ilusões é devotar-se inteiramente a Eles (Os Santos Seres). A razão é óbvia. A força, para ser eficaz em sua oposição, deve estar no mesmo plano em que age o poder a ser neutralizado. Portanto, como esses problemas e ilusões não provêm do eu pessoal[3], este é totalmente ineficaz contra eles. Assim sendo, já que são provenientes dos seres das trevas, somente podem ser neutralizados pelos Irmãos da Luz. Desta forma, para haver segurança, é necessário entregarmo-nos - nossos "eus" separados e pessoais - e libertarmo-nos de todo *Ahamkāra.*

Sabedores de que a nossa Sociedade[4], ou no que diz respeito a ela - ou especificamente no âmbito do pensamento universal, qualquer movimento de relevância - encontra-se sob a observação e guarda de Poderes muito mais sábios e elevados do que nosso pequenino eu, não devemos nos preocupar muito sobre o destino final da Sociedade. Devemos sim nos contentar em realizar a tarefa que nos é devida, cuidadosa e diligentemente, desempenhando o papel a nós destinados segundo nosso melhor esclarecimento e capacidade. O cuidado e a solicitude possuem, sem dúvida alguma, suas fun-

[3] *Self* (N.T.)

[4] A Sociedade Teosófica (N.T.)

ções próprias na economia da Natureza. Nos homens comuns eles colocam o cérebro para trabalhar, e até os músculos para se movimentarem, e se não fosse por esses o mundo não teria realizado metade do progresso que conseguiu nos planos físico e intelectual. Mas, em um determinado estágio da evolução humana, eles são substituídos por um senso de dever e amor pela Verdade, e a clareza de visão e a impetuosidade pelo trabalho atingidos nunca poderão ser preenchidos por qualquer quantidade de energia molecular e vigor do sistema nervoso. Portanto, livre-se de todo o desespero e, com a sua Alma voltada para a Fonte de Luz, trabalhe para a grande meta para a qual você está aqui, com seu coração abrangendo toda a humanidade, embora perfeitamente renunciante ao resultado de suas tarefas. Assim ensinaram nossos Sábios, assim Shri Krishna exortou a Arjuna no campo de batalha, e assim devemos direcionar nossas energias.

Meus sentimentos pessoais em relação aos sofrimentos do mundo são precisamente como os seus. Nada me aflige mais do que a maneira cega e frenética com a qual a grande maioria de nossos companheiros persegue os prazeres dos sentidos, e a visão totalmente vazia e errônea que assumem diante da vida. A visão desta ignorância e loucura toca meu coração com maior ternura do que as misérias físicas que o povo suporta. E, embora o nobre místico Rantideva tenha me inspirado profundamente anos atrás, considero os sentimentos de Buda como mais eruditos e mais transcendentais, em função da visão direta da natureza interior das coisas que desde então me é permitido experimentar. E, ainda que, alegremente sofresse a agonia para aliviar um discípulo da tortura a qual é submetido, e embora tenha considerado as causas bem como as consequências íntimas dos sofrimentos de um discípulo, minha tristeza por eles não tem a metade da intensidade da tristeza que sinto pela miséria desses desaventurados ignorantes que ingenuamente pagam a punição pelos seus delitos do passado.

As funções do intelecto são meramente a comparação e o raciocínio; o conhecimento espiritual está muito além do seu alcance. Provavelmente você está satisfeito com as sutilezas intelectuais existentes no seu ambiente atual; mas, apesar de tudo, o mundo é somente uma escola, uma academia de treinamento, e nenhuma experiência, seja dolorosa ou ridícula, é desprovida de utilidade e valor para o homem previdente. Os males que enfrentamos tornam-nos mais sábios, e cada erro que cometemos auxilia-nos para o futuro. Por isso não devemos resmungar contra o destino, embora externamente ele possa não nos causar a menor inveja.

O *karma,* como ensinado no *Gitā* e no *Yoga Vāsishtha,* significa atos e vontades provenientes de *Vāsanā* ou desejo. Encontra-se distintamente estabelecido nestes códigos de ética de que nada é feito a partir do puro senso do dever, nada que seja induzido pelo sentimento do "deve ser feito", por assim dizer, pode macular a natureza moral do executante, mesmo que este esteja errado em sua concepção do dever e da propriedade. O erro naturalmente deve ser expiado pelo sofrimento, o qual deve ser proporcional às consequências do erro; mas, certamente, não degradará o caráter ou maculará o *Jivātmā.*

É aconselhável utilizar todos os acontecimentos da vida como lições a serem convertidas em vantagens, e, portanto, a dor causada pela separação dos amigos a quem amamos deve assim ser utilizada. O que são espaço e tempo no plano do Espírito? Ilusões do cérebro, não entidades meramente, que adquirem um semblante de realidade pela impotência da mente, o invólucro que aprisiona o *Jivātmā.* O sofrimento simplesmente oferece um impulso novo e mais potente para vivermos juntos no Espírito. O bem virá para cada um de nós no final, quando estivermos além da dor, por isso não devemos reclamar. Mais ainda, sabedores de que para os discípulos nenhuma consequência acontece sem que seja a vontade dos seus Senhores, deveremos considerar cada incidente doloroso como um passo em direção ao progresso espiritual, como um meio para o desenvolvimento interior, que nos capacitará a servi-Los melhor, assim como à Humanidade.

Se pudéssemos servir somente a Eles, se, através de todas as tempestades e conflagrações, nossas Almas se voltassem para os sagrados Seres[5], o que importariam a dor e os sofrimentos que tais conflitos causam a nossos envoltórios transitórios? Entendamos um pouco a significação interna destes sofrimentos, das vicissitudes das circunstâncias externas – como tanta dor suportada significa igual quantidade de mau *karma* trabalhado, significa tanto poder de serviço obtido, significa uma boa lição aprendida. Não serão estes pensamentos o suficiente para nos dar suporte através de qualquer quantidade destas misérias ilusórias?

Quão doce é sofrer, quando se sabe e se tem fé; quão diferente da infelicidade do ignorante, do cético, do incrédulo. Pode-se até desejar que todo o sofrimento e miséria do mundo sejam nossos para que o resto da nossa espécie torne-se liberada e feliz. A crucificação de Jesus Cristo simboliza esta fase da mente do discípulo.

[5] Lótus Feet (N.T.)

Você não concorda? Seja somente sempre firme na fé e na devoção e jamais se afaste do sagrado caminho do Amor e da Verdade. Está é a sua parte – o resto será feito para você pelos Senhores Misericordiosos aos Quais você serve. Você sabe de tudo isto, e se eu falo a respeito, é apenas para reforçá-lo em seu conhecimento; pois com frequência esquecemos algumas de nossas melhores lições, e nas épocas difíceis o dever de um amigo é mais lembrar-lhe os seus próprios princípios do que incutir novas verdades. Era desta forma que Draupadi consolava seu sábio marido Yudhisthira, quando um terrível infortúnio derrubava por um momento sua habitual serenidade, e assim o próprio Vasishtha teve que ser confortado quando foi dilacerado pela dor da morte de seus filhos. É verdadeiramente indescritível o lado de *Māyā* deste mundo! Por um lado é tão belo e romântico e por outro tão terrível e infeliz! *Māyā* é o mistério de todos os mistérios, e aquele que compreendeu *Māyā* descobriu sua própria unidade com *BRAHMAN* - a Suprema Felicidade e a Suprema Luz.

A cena surpreendente de *Kāli* de pé sobre o prostrado *Shiva* é uma ilustração da utilidade - a utilização superior - da Ira e do Ódio. A cor escura representa a Ira; com a espada ela significa também a coragem física, e toda a cena significa que enquanto o homem sente ira, ódio e força física, ele deve utilizá-los para a supressão das outras paixões, o massacre dos desejos da carne. Também representa o que realmente acontece quando a mente pela primeira vez se volta para a vida superior. Todavia carecemos ainda de sabedoria e equilíbrio mental e então atropelamos os nossos desejos com as nossas paixões; direcionamos nossa ira contra nossos próprios vícios, suprimindo-os desta forma; também empregamos nosso orgulho contra as tendências indignas do corpo e da mente, e assim subimos o primeiro degrau da escada. O prostrado *Shiva* mostra que quando alguém se engaja numa guerra como essa, ele não considera o seu mais elevado princípio, o *Ātmā*. Ao contrário, ele de fato o despreza e somente reconhece sua verdadeira posição, durante a batalha, com relação ao *Ātmā,* quando tiver aniquilado o último inimigo do seu Ser. Assim, *Kāli* descobre *Shiva* a seus pés somente quando ela mata o último dos *Daitya,* a personificação de *Ahamkāra,* envergonhando-se então de sua fúria insana. Enquanto as paixões não tenham sido de todo subjugadas, devemos usá-las para a sua própria supressão, neutralizando a força de uma contra a outra, e, então, a sós, podemos de imediato matar o nosso egoísmo, obtendo o primeiro vislumbre do nosso *Ātmā* - o *Shiva* dentro de nós - a quem ignoramos enquanto os desejos estão devastando o coração.

Possamos nós sempre permanecer ao largo do nosso tacanho desejo pessoal para servir a Eles com lealdade; é experiência minha que, seguindo, assim, somente a Sua orientação, podemos sempre evitar alguns precipícios perigosos para os quais nos dirigimos inconscientemente. A princípio parece difícil romper com as preferências pessoais, mas ao final o resultado do sacrifício é a alegria. Não há treinamento melhor do que os poucos e rápidos anos na vida do discípulo quando ele é conduzido somente por desapontamentos que o levam a buscar proteção nos abençoados pés dos Senhores, pois lá é o único lugar para repousar. E então cresce no discípulo o constante hábito de pensar que seu único refúgio está Neles; sempre que o Mestre não se encontra em seus pensamentos, ele se sente miserável e desamparado. Então, na grande escuridão do desespero, nasce para ele uma luz que nunca mais ficará ofuscada. Aqueles cujos olhos penetram no futuro distante, velado aos nossos olhos mortais, têm feito e farão o que é melhor para o mundo. Os resultados imediatos e as satisfações temporárias devem ser sacrificados, se o alvo final tiver de ser assegurado sem oportunidade de fracasso. Quanto mais forte desejarmos construir as oportunidades para o sucesso final, menos devemos almejar pela colheita do dia. Somente através da dor chegaremos à perfeição e à pureza; somente pela dor poderemos ser servos dignos da Órfã[6] que chora incessantemente pelo alimento espiritual. A vida somente tem valor quando sacrificada aos Pés do Mestre.

Regozijemo-nos pelas oportunidades de servir à grande Causa através dos sacrifícios pessoais, pois tais sofrimentos podem ser por Eles utilizados para elevar em mais um pequeno passo a pobre e pecadora Humanidade. Qualquer dor sofrida por um discípulo é a garantia de um ganho correspondente para o mundo. Portanto, ele deve sofrer voluntária e alegremente, pois vê com um pouco mais de clareza do que os cegos mortais pelos quais ele sofre. No curso da evolução existe uma lei dolorosamente evidente, até para os olhos do iniciante, que diz que nada que tenha um valor real pode ser obtido sem um sacrifício[7] correspondente.

Aquele que renuncia a todo o sentido do eu e faz de si próprio um instrumento de trabalho para as Mãos Divinas não precisa temer as provas e dificuldades do mundo. "Por Vós conduzido, eu trabalho". Esta é a maneira mais fácil de transpor a esfera do *karma* individual, pois aquele que coloca todas as suas capacidades aos Pés dos Mestres não cria *karma* para si; e, como prometeu Shri Krishna: "Responsabilizo-me pelo equilíbrio dos

[6] A Humanidade (N.T.)W

[7] O termo "sacrifício" é usado no sentido de "dedicação" ou uma ação "sacra". (N.T.)

seus débitos". O discípulo não precisa preocupar-se com os frutos de suas ações. Assim ensinou o grande Mestre cristão: "Não te preocupes com o amanhã".

Não permita que os impulsos governem a sua conduta. A excitação pertence à esfera da sensação, não à da conduta. A excitação na conduta não tem lugar no verdadeiro Ocultismo, pois o Ocultista deve ser sempre dono de si mesmo. Um dos aspectos mais difíceis na vida do Ocultista é manter o equilíbrio harmoniosamente, e este poder provém da verdadeira introspecção espiritual. O Ocultista deve levar uma vida mais interna do que externa. Ele sente, compreende e sabe cada vez mais, embora se mostre cada vez menos. Até os sacrifícios a serem feitos pertencem mais ao mundo interno do que ao externo. Na devoção religiosa comum todo o sacrifício e esforço possíveis são dedicados a estabelecer laços com objetos externos bem como em superar a avareza e as tentações no plano físico. Entretanto, na vida do Ocultista, o sacrifício e o esforço possíveis devem ser utilizados para objetivos bem maiores. Você deve compreender quais são os objetos reais para os quais sua energia e devoção devem ser direcionados, e o objeto externo deve, portanto, ser subordinado. Resumindo, nunca seja um indivíduo peculiar. Assim como Hamsa[8]

[8] Na mitologia hindu, o cisne *(Hamsa)* é tido como o animal capaz de separar o

da mistura de leite e água separa um do outro, tomando o primeiro, deixando a água, assim o ocultista extrai e retém a vida e a quintessência de todas as diferentes qualidades, rejeitando os revestimentos que as encobrem.

Como podem as pessoas supor que os Mestres devem interferir em suas vidas e ações pessoais, ao mesmo tempo que argumentam a favor da Sua não existência ou pela Sua indiferença moral pelo fato Deles não interferirem? Elas podem, pela mesma razão, questionar a existência de uma Lei moral neste Universo, e argumentar que a existência de injustiças e práticas infames na humanidade atuam contra a suposição desta lei. Por que elas se esquecem que os Mestres são *Jivanmuktas* e que trabalham com a Lei, identificando-Se com a Lei, e que na verdade são o próprio espírito da lei? Mas não há necessidade de haver angústia quanto a isto, pois o tribunal ao qual nos submetemos em assuntos de consciência não é a opinião pública, mas o nosso próprio Ser Superior. São batalhas como essas que purificam o coração e elevam a alma, e não a luta furiosa a qual nossas paixões, ou até uma "indignação justa" e o chamado "ressentimento justificado" nos impelem.

---

leite da água, o que simboliza a capacidade de separar o real do irreal, chamado geralmente discernimento (*VIVEKA*). (N.T.)

O que são para nós os problemas e as dificuldades? Não são tão bem-vindos como os prazeres e as facilidades? Não são eles nossos melhores treinadores e educadores, repletos de lições salutares? Não são eles convenientes para nos impulsionar de modo mais equilibrado através das mudanças da vida e das vicissitudes do destino? E não seria uma desonra para nós se fracassássemos em preservar a tranquilidade e o equilíbrio da mente que devem sempre marcar a disposição do discípulo? Certamente ele deveria permanecer sereno em meio a todas as tormentas e tempestades externas. Este é um mundo louco em sua totalidade se apenas o observarmos externamente; e que loucura decepcionante! É a verdadeira insanidade da demência onde o objeto da doença ignora a sua condição, embora acredite estar perfeitamente sadio. Oh, se a harmonia e a música que reinam dentro da Alma das coisas não fossem perceptíveis a nós, cujos olhos foram abertos a essa loucura total que perpassa a aparência externa, a vida nos seria intolerável!

Você não considera que não é aceitável sentir-se desanimado quando estamos obedecendo à vontade dos Senhores e cumprindo com nossos deveres? Você deveria sentir não somente paz e contentamento, mas também alegria e boa disposição enquanto serve Àqueles cujo serviço é nosso privilégio mais elevado e cuja memória é nosso prazer mais verdadeiro.

O fato Deles nunca nos abandonarem é tão certo quanto a morte. Mas cabe a nós nos ligarmos a Eles com devoção real e profunda. Se ela for real e profunda, não existe a mais remota oportunidade de nos afastarmos das suas sagradas influências. Mas sabemos o que significa a devoção real e profunda. Vocês sabem tanto quanto eu que nada menos do que a renúncia completa da vontade pessoal, a aniquilação absoluta do elemento pessoal no homem, pode constituir o *Bhakti* característico e verdadeiro. É somente quando a natureza humana inteira está em perfeita harmonia com a Lei Divina, quando não existe nenhuma nota dissonante em nenhuma parte do sistema, quando todos os pensamentos, ideias, fantasias, desejos, emoções, voluntários ou não, vibram em resposta e em concordância completa com o "Grande Sopro"[9], que o verdadeiro ideal de devoção é atingido, não antes disto. Somente ficamos além do risco do fracasso quando atingimos este estágio de *Bhakti,* que assegura por si só o progresso permanente e o sucesso indubitável. O discípulo não falha pela falta de cuidado e amor da parte dos Grandes Mestres, mas sim pelas suas próprias perversidades e fraquezas inatas. E não podemos dizer

[9] O "alento Divino" (N.T.)

que a perversidade é impossível em alguém que prolonga a ideia de separação, arraigado por eras ao pensamento ilusório e à corrupção, sem estar ainda inteiramente afastado disto.

Não devemos nos iludir de forma alguma. Algumas verdades são realmente amargas, mas o caminho mais sábio é conhecê-las e enfrentá-las. Habitar um paraíso fantasioso é fechar a porta para o real Campos Elísios. É verdade que se deliberadamente nos sentarmos para descobrir se ainda existe em nós algum traço de separatividade ou personalidade, ou algum desejo de contrapor-se ao curso natural dos acontecimentos, não encontraremos qualquer motivo ou razão para tal autoafirmação ou desejo. Como sabemos e acreditamos que a ideia de isolamento é um mero produto de *Māyā,* que a ignorância e todos os desejos pessoais fluem somente deste sentimento de isolamento e que são a raiz de toda a nossa miséria, não podemos senão rechaçar estas noções falsas e ilusórias, quando pensamos ou refletimos sobre elas. Mas, se analisarmos os fatos verdadeiros e nos observarmos durante o dia todo, verificando as várias maneiras de conduta, que se alteram com as diferentes circunstâncias, uma conclusão bem diferente se imporá sobre nós por si mesma, e descobriremos que a verdadeira realização em nossa vida do nosso conhecimento e crença é ainda um incidente distante que se aproxima ocasionalmente por um pequeno momento, quando estamos inteiramente esquecidos do corpo e do ambiente material, completamente envolvidos na contemplação do Divino - mais ainda, mergulhados na Própria Deidade.

Para nós, pela suprema misericórdia dos nossos Senhores, as coisas na terra são um pouco mais claras e mais inteligíveis do que para o homem mundano, por isso ficamos tão ansiosos para devotarmos a energia de nossa vida ao serviço Deles. Um cético diria, com grande desprezo, que toda atividade - caridade, benevolência, patriotismo, etc. - é puro mercantilismo, uma questão de dar e receber. Mas o aspecto mais nobre que mesmo esta ridicularizada honestidade mercantil - rigorosamente traduzida e aplicada aos caminhos superiores da vida - representa à visão superior está além do alcance visual daquele que escarnece; assim, ele ri e despreza a honestidade, rotulando-a de mercantilismo, e o mundo tolo e sem coração, sedento de um pouco de diversão, ri com ele, chamando-o de companheiro astuto e espirituoso. Se olharmos a superfície dessa nossa esfera maravilhosa, encontraremos tristeza e melancolia espalhadas entre as almas, e o desespero paralisará todos os esforços para melhorar esta condição. Mas, ao olhar mais abaixo, todas as inconsistências se desfazem, tudo parece belo e harmonioso, e o coração bate vigoroso e torna-se alegre, abrindo generosamente seus tesouros ao universo circundante! Por isso não precisamos nos sentir desanimados diante de um sinal assustador e nem lamentar pelas loucuras e cegueira dos homens entre os quais nascemos.

Existem leis morais imutáveis, assim como existem leis físicas uniformes. Estas leis morais podem ser violadas pelo homem, dotado de individualidade e pela liberdade que o envolve. Cada violação dessas torna-se uma força moral na direção contrária a que a evolução aponta e pertence ao plano moral. E pela Lei da Reação cada uma tem a tendência para evocar a operação da lei correta. Quando essas forças opositoras acumulam e adquirem uma forma gigantesca, a força reacionária torna-se necessariamente violenta, resultando em revoluções morais e espirituais, guerras santas, cruzadas religiosas, e outros atos semelhantes. Pela ampliação desta teoria entendemos a necessidade do aparecimento dos Avatares na Terra. Como tudo se torna fácil quando os olhos estão abertos, e como parecem incompreensíveis quando a visão espiritual está cega ou mesmo toldada e embotada! A natureza em sua bondade infinita forneceu ao homem nos planos externos cópias exatas dos seus trabalhos internos, e, na verdade, aqueles que possuem olhos para ver, verão, e aqueles que possuem ouvidos para ouvir, ouvirão.

Como é intenso o desejo de cuidar da Alma sofredora nas horas de provas terríveis e na escuridão oprimente! Mas a experiência revela que aqueles que passaram por provações semelhantes, nesses momentos não percebem o auxílio que é sempre ofertado, tornando-se abatidos por uma triste sensação de solidão e de estarem totalmente desamparados. Se fosse de outra forma, metade do efeito da prova estaria perdido, e a força e o aprendizado que se seguem a cada provação dessas teriam que ser adquiridos através de anos com caminhadas vacilantes e às escuras. A Lei da Ação e Reação opera em todos os lugares... Aquele cuja devoção é completa, isto é, cujos atos e pensamentos consagram todas as suas energias e seus haveres à Suprema Deidade e que percebe a sua própria insignificância, bem como a falsidade da ideia da separação - a este ser em particular não será permitido que os poderes das trevas se aproximem, e estará protegido dos perigos que ameaçam a sua Alma. A passagem do *Gitā* que você está considerando deve ser interpretada para significar que todo aquele que possui o sentimento da devoção desperto jamais será desertado. Mas não existe garantia contra aberrações temporárias, pois, em determinado sentido, todo ser vivente, do mais elevado Anjo ao mais simples protozoário, está sob a proteção do Logos do seu sistema, atravessando os vários estágios e modos de existência no caminho de retorno ao Seu centro, para desfrutar pela eternidade da bem--aventurança de *Moksha.*

O exterior sempre revela o *interior* ao olho que vê, e pessoas e lugares são, portanto, sempre interessantes. Novamente, o mundo externo não é algo desprezível como você poderia imaginar durante a primeira intensidade e agudeza de sua *Vairāgya* ou desgosto expresso, pois, se assim fosse, toda a criação seria um desperdício de energia tolo e sem propósito. Mas sabemos que não é bem assim; que por outro lado existe uma filosofia profunda e sonora, mesmo nestas manifestações ilusórias ou revestimentos exteriores, e que Carlyle em seu *Sartor Resartur* demonstrou um pouco desta filosofia. Por que então sentir náusea e horror dos mais indesejáveis objetos inúteis? Não serão repletos de sábias lições os mantos com os quais a Deidade Suprema se oculta de nós?

Você está correto quando afirma que todas as coisas, as belas e as impuras, possuem seus lugares na Natureza e constituem, pelas suas diferenças e variedade, a perfeição do Logos Supremo.

Por que a comunicação do mundo externo com o mundo interior deve ser cortada, causando tristeza e opressão ao coração? O fato é que o mundo externo ainda tem algumas lições a ensinar, e uma delas é que também é divino em sua essência, divino em sua substância e divino em seus métodos, e que, portanto, você deveria ser mais amável com ele. Por outro lado, tristeza e melancolia possuem a sua utilidade e filosofia. Elas são necessárias para a evolução e o crescimento da Alma humana tais como a alegria e a disposição. Contudo, são necessárias somente nos estágios iniciais de nosso crescimento e dispensadas quando o Ser desenvolveu-se e abriu seu coração ao Sol Divino.

Você sabe como a evolução se processa. Começamos sem nenhuma sensação. Gradualmente nós a desenvolvemos e, em um determinado ponto de nossa peregrinação, nós a possuímos em seu grau mais intenso. Então vem um período onde a sensação é encarada como *Māyā*, começando a diminuir, e o conhecimento passa a predominar, até que no final toda a sensação é consumida pelo conhecimento, e atingimos a paz absoluta. Mas não a paz na ignorância, tal como no início da nossa vida no reino mineral, mas a paz na onisciência; paz não na apatia como se fosse na morte, como vemos nas pedras, mas na vida absoluta e no amor absoluto. Isto conduz ao repouso, porque anima tudo o que é e derrama suas bênçãos sobre todo o Universo. Mas os extremos se encontram, e, então, em um dos aspectos, o início e o fim coincidem.

Dois pontos devem ser esclarecidos: (1) que médiuns destreinados sempre correm o risco de evidenciar palavras realmente ditas pelo inimigo como determinações do Mestre; e (2) que o Mestre somente diz o que o intelecto da audiência possa compreender e que não contrarie o sentido da moral. As palavras do Mestre, por muito que estejam em oposição aos pensamentos anteriores de alguém, nunca deixam de trazer a mais absoluta convicção, semelhante ao intelecto e ao sentido de moral da pessoa a quem se dirige. Elas vêm como uma revelação, retificando um erro que de imediato torna-se aparente; transbordam como uma coluna de luz dissipando as trevas; não requerem credulidade ou fé cega.

Você sabe como o inimigo tem trabalhado contra nós, e se falharmos em nossa devoção aos Mestres ou na realização de nossas obrigações, as quais Eles amavelmente nos confiam, ele não porá fim aos problemas. Mas esses problemas não nos importam muito; podemos suportá-los pacientemente e sem agitação; o que realmente nos tortura e tira a paz de nossa mente é o afastamento de nossos Senhores, o que ocasionalmente nos ameaça. Nada pode nos atormentar mais - nenhuma dor pessoal, nenhuma perda física, embora possam ser grandes. Pois sabemos, além de qualquer dúvida, que tudo o que é pessoal é transitório e fugaz, e tudo o que é físico é ilusório e falso, e somente a loucura e a ignorância pranteiam as coisas que pertencem ao mundo das sombras.

Para o discípulo pouco representa o ganho obtido pelo ensinamento no plano intelectual. O conhecimento que se infiltra da Alma para o intelecto é o único que vale e, certamente, à medida que os dias passam, o suprimento deste conhecimento aumenta. E com esse aumento o discípulo consegue eliminar tudo que o atrapalha no Caminho.

O sentimento de dor é aquele no qual todos os que trilham a vida do Espírito tornam-se habituados. Sabemos que a dor não pode durar para sempre e mesmo que assim fosse ela não teria muita importância. Não podemos esperar ser de alguma serventia a Eles ou à Humanidade sem receber dos inimigos nossa completa medida de sofrimento. Mas a ira desses Monarcas das Trevas é algumas vezes terrível de ser enfrentada, e eles assustam pela *Māyā* que criam algumas vezes. Porém um coração puro nada tem a temer e permanece seguro do triunfo. O discípulo não deve se angustiar com a dor passageira e com a ilusão que eles tentam criar. Ocasionalmente, eles parecem provocar uma destruição interior regular, e então o discípulo deve debruçar-se sobre as ruínas de si mesmo e esperar silenciosamente que *Asuric Māyā* passe. Ele deve sempre permitir que a onda da dúvida e da inquietação passe sobre ele, segurando firme a âncora que descobriu. O inimigo não causará dano real ou substancial, enquanto ele permanecer devotado a Eles com toda a sua alma e com toda a sua força. "Aquele que se apegar a Mim atravessará com facilidade o oceano da morte e também o mundo com o Meu auxílio".

Nada poderá acontecer ao discípulo que não seja o melhor para ele. Desde que se tenha colocado deliberadamente nas Mãos dos benevolentes Mestres, Eles cuidam para que tudo aconteça no momento apropriado - o momento no qual será colhida a melhor vantagem, tanto para o discípulo como para o mundo. Portanto, ele deverá encarar tudo o que surgir em seu caminho com um espírito alegre e satisfeito e "não se preocupar com o amanhã"...

A casca de árvore lançada num mar revolto durante uma tempestade está mais em paz do que a vida do peregrino no santuário do Espírito. Uma vida pacífica significa estagnação e morte para aquele que não adquiriu o direito à paz pela destruição completa do inimigo - a personalidade.

Não devemos cair na ilusão causada pela ignorância. Todo Amor verdadeiro é um atributo do Espírito, e *Prānā* e *Brakti* são dois aspectos da Divina *Prakriti*

(Natureza) que torna a vida do aspirante, que busca as águas da imortalidade, digna de ser vivida. Na escuridão tormentosa da vida do discípulo, a única luz vem do Amor, pois o Amor e *Ānanda* (Bem-Aventurança) são, no seu sentido mais elevado, idênticos, e quanto mais puro e mais espiritual for o Amor, mais ele partilha da natureza de *Ānanda* e menos se mescla com os elementos impróprios. Somente o amor sagrado do Mestre é majestosamente sereno, pois não contém nada em si que não partilhe do Divino.

A prudência e a moderação são imprescindíveis no Ocultismo como em tudo mais. Na verdade, na vida do Ocultista, todas as faculdades da mente humana, que são consideradas como virtudes no sentido comum, são muito utilizadas e exercitadas, sendo acessórios necessários à verdadeira vida que faz um discípulo. O mundo não pode ser auxiliado tão facilmente como muitos imaginam, mesmo se houvesse mais agentes disponíveis para o trabalho. O conhecimento por parte do discípulo não é a única coisa necessária. Olhe em torno e pondere antes de concluir se o conhecimento e a devoção de poucos poderão empurrar os braços do tempo. Nenhuma única tentativa poderá ser realizada sem provocar uma feroz hostilidade do outro lado, e estará o mundo preparado para sobreviver à reação? Se você aprende de tudo quanto tem visto entenderá como os nossos Senhores são sábios em não ir além do que vão.

Qual seria a validade da vida se não sofrêssemos - sofrer para fazer o mundo que geme sob nossos olhos um pouco mais puro, sofrer para obter um pouco mais das águas da vida que saciarão a sede de alguns lábios ressequidos?

Na verdade, se não fosse pelo sofrimento que é o destino do discípulo que trilha com os pés sangrando o Caminho, ele se desviaria e perderia de vista o objetivo para o qual deveria estar sempre atento. A *Māyā* do mundo fenomênico confunde, enfeitiça, e a mim me parece que a eliminação da dor seria inevitavelmente seguida do esquecimento das realidades da existência, e com o desaparecimento da sombra da vida espiritual sua luz também se acabaria. Desde que o homem não foi ainda transformado num Deus, é inútil esperar que ele esteja em alegria ininterrupta de felicidade espiritual. Nos períodos da sua ausência, somente o sofrimento mantém firmes os pés do discípulo, salvando-o da morte que certamente o surpreenderia no esquecimento das verdades do mundo espiritual.

O discípulo não deverá ficar perturbado ou surpreso, quando as forças espirituais voltadas contra ele pelos inimigos descobrirem seu campo de ação em um plano mais elevado do que o do intelecto físico. É verdade que as brasas dissipadas em uma "falha" de sua personalidade, não vista ou não notada, podem ser inflamadas até a chama; mas a chama traz em si o sinal da derradeira destruição de alguma fraqueza que deve ser queimada. Até o momento em que a mancha da personalidade não tiver sido retirada, o vício em suas várias formas pode encontrar abrigo em uma câmara esquecida do coração, embora possa não encontrar expressão na vida mental. E a única maneira de apresentar o santuário do coração imaculado é deixar o farol penetrar nas "gretas" escuras e calmamente testemunhar o trabalho de sua destruição. O discípulo não deve permitir nunca que este processo de purificação o desanime, quaisquer que sejam as monstruosidades que ele seja obrigado a testemunhar. Ele deve se manter firme aos Pés do Mestre que habita na gloriosa região purificadora de tudo o que é material; então ele nada terá a temer ou ansiar. Ele tem fé nos Que protegem e ajudam e poderá deixar os trabalhos do plano espiritual para serem observados e direcionados por Eles. Quando o ciclo da escuridão tiver terminado, ele novamente reconhecerá como o ouro brilha quando a escória é retirada.

Em nossa esfera mundana, como em todos os planos de existência, a noite alterna-se com o dia - há uma sombra por trás da lâmpada. Apesar disso, quão estranho que os homens de cultura e erudição fantasiem que com o avanço da Ciência, da trivial Ciência materialista, toda a miséria - individual, racial e nacional - cessará para sempre; doenças, secas, pragas, guerras, inundações, recusas, os próprios cataclismos, pertencerão todos ao passado remoto!

O interesse que temos em todos os assuntos desta esfera ilusória pertence somente às emoções e ao intelecto, e não tocam a Alma. Enquanto nos identificarmos com o corpo e com a mente, as vicissitudes que dominam a Sociedade Teosófica, os perigos que ameaçam a sua vida ou unidade exercem uma influência depressiva, e até algumas vezes delirante, sobre nossos espíritos. Mas quando começarmos a viver no espírito, a *compreender* a natureza ilusória de toda a existência exterior, o caráter transitório de toda organização humana, e a imutabilidade da Vida interna, deveremos, caso a consciência cerebral reflita ou não o conhecimento, sentir calma interior, uma espécie de despreocupação com esse mundo de sombras, e permanecer imune às revoluções e explosões do mundo. Uma vez que o Ego Superior é atingido, o conhecimento de que as Leis e os Poderes que governam o universo são infinitamente sábios torna-se instintivo, e a paz em meio às agonias exteriores é inevitável.

Numa primeira aproximação, no plano em que vivemos existem três modos de se encarar a miséria humana em geral. Podemos considerá-la, por exemplo: (1) como um teste de caráter; (2) como um agente retribuidor; e, (3) como um meio de educação no sentido mais amplo da palavra. Ponderando sobre todos esses pontos de vista, imagino que a "morte", experimentada ocasionalmente por todos os aspirantes, está para a dor aguda quase que na mesma relação que o confinamento solitário está para a prisão com trabalhos forçados. A ilustração é, sem dúvida, grosseira, mas me parece muito sugestiva, e tenho visto que invariavelmente a analogia é de grande ajuda na compreensão de proposições abstratas e sutis; daí este plano para explicar as ideias. Novamente, todas as forças aqui estão trabalhando para a evolução da humanidade perfeita, e é somente através do desenvolvimento harmonioso de todas as nossas faculdades superiores e virtudes nobres que conseguimos atingir a perfeição. E este desenvolvimento harmonioso é possível somente através de exercícios apropriados destas faculdades e virtudes, embora requeiram *condições particulares* para cada atributo distinto. O intenso sofrimento não testa, nem retribui ou coloca em ação as mesmas capacidades e méritos da humanidade como um triste e insípido vazio interior. Paciência, resistência passiva, fé, devoção são muito melhor desenvolvidas sob um estado de melancolia mental do que durante uma luta árdua e ativa. A Lei da Ação e Reação confirma-se no plano moral, e as virtudes evocadas por este "torpor" mental são as melhores adaptadas para o combate e a conquista; e certamente não são as mesmas com as quais você enfrenta a dor verdadeira, embora martirizante. Uma palavra a mais sobre este ponto e seguirei adiante. Este estado de mente indica que o peregrino está na região limítrofe entre o conhecido e o desconhecido, com uma tendência distinta para este último. Marca um grau definido de crescimento espiritual e indica o estágio no qual a Alma, em sua caminhada para a frente, compreendeu vagamente, embora de maneira inconfundível, o caráter ilusório do mundo material, está descontente e aborrecida com as coisas grosseiras que vê e sabe e busca o aspecto mais verdadeiro, o conhecimento mais substancial.

A explicação acima, embora sem seguir um método, satisfará, assim espero, quanto à utilidade de *vairagya* – do sentimento de ausência de toda a vida e realidade tanto em você mesmo quanto no mundo à sua volta – na economia da Natureza. Ao mesmo tempo, essa explicação mostra como *vairagya* serve de pedra de toque para a firmeza da mente e simplicidade do coração e como uma medida punitiva também serve como antídoto contra o egoísmo intelectual - o erro filosófico de identificar o Ser com a personalidade - a insensatez de querer nutrir a Alma com o alimento material grosseiro. Além disso, ela desenvolve, ou melhor, tende a desenvolver a verdadeira fé e devoção e despertar a Razão superior e o Amor pelo Divino.

Do mais elevado ao mais inferior, a vida é uma alternância entre repouso e movimento, luz e trevas, prazer e dor. Por isso, nunca permita que seu coração mergulhe em desespero ou que seja levado por alguma corrente adversa de pensamento. Você provou a si mesmo intelectualmente, e está agora de fato experimentando, o caráter obscuro e irreal das coisas percebidas através dos órgãos do sentido ou pela mente e a natureza efêmera de todos os divertimentos físicos e emocionais. Portanto, encaminhe-se para a senda que o conduzirá a uma visão da vida real por mais acidentadas que sejam as regiões que ela conduz, embora destituídos de alegria os desertos através dos quais agora e depois esta senda nos conduzirá. Acima de tudo, tenha fé nos Misericordiosos, nossos Sábios Mestres, e devote seu coração e sua alma ao serviço Deles, e tudo terminará bem.

O NECESSÁRIO para a eliminação de qualquer vício é:

(1) Um conhecimento preciso sobre o próprio vício;
(2) Um reconhecimento - uma sensação viva de que é um *vício,* de que é bobagem acolhê-lo, e de que não vale a pena; e por fim,
(3) A vontade de "exterminá-lo".

Esta *vontade* penetrará na esfera subconsciente onde mora o vício, e lenta, porém seguramente, o eliminará.

A verdadeira tranquilidade da mente nunca é o produto da indiferença e do desinteresse, mas origina-se somente da visão direta da sabedoria mais elevada e mais profunda.

Um discípulo, da grande Loja dos Mestres, por mais humilde que seja, deve viver no Eterno, e sua vida deve ser uma vida de Amor Universal, ou então deverá abandonar suas aspirações mais elevadas. O serviço ativo que cada discípulo deve prestar ao mundo é diferente para cada classe de alunos, sendo determinado pela natureza e disposição peculiares e capacidade do indivíduo: Naturalmente você sabe que, até que a perfeição tenha sido atingida, deve-se manter uma diversidade, até mesmo no modo do serviço que um chela deve executar.

É simplesmente impossível superestimar a eficácia da Verdade em todas as suas fases e capacidade no auxílio da evolução da Alma humana. Devemos amar a Verdade, buscar a Verdade e viver a Verdade; somente assim a Luz Divina, que é a Sublime Verdade, poderá ser vista pelo estudante de Ocultismo. Onde existe a mais leve inclinação para a falsidade, sob qualquer forma, existe escuridão e ignorância, e sua filha, a dor. E esta inclinação pela falsidade pertence à personalidade inferior sem dúvida. É neste ponto que nossos interesses se chocam, que a luta pela existência atinge o seu máximo, sendo portanto aqui que a covardia, a desonestidade e a fraude encontram campo.

Os "sinais e sintomas" do funcionamento deste ser inferior não podem nunca permanecer escondidos daquele que com sinceridade ama a Verdade e busca a Verdade e é devotado Aos Irmãos Maiores como fundamento de sua conduta. A menos que o coração seja completamente perverso, nunca deixarão de haver dúvidas relativas à retidão de qualquer ato em particular; e então o verdadeiro discípulo perguntará a si mesmo: "Meu Mestre ficará contente se eu fizer isto?", ou: "Foi sob a Sua orientação que agi desta forma?" E a resposta verdadeira logo virá, e ele aprenderá a corrigir-se e a harmonizar seus desejos com a Vontade Divina, alcançando a sabedoria e a paz.

A Teosofia não é algo que possa ser forçado ou trabalhado com indecisão[10] na cabeça ou no coração de alguém. Deve ser assimilada com tranquilidade no curso natural da evolução e inalada como o ar ao nosso redor. De outra forma causará indigestão, usando-se uma expressão vulgar.

Ao sentir o crescimento da nossa Alma, compreendemos a calma que nenhum evento exterior parece atingir. Isto mais uma vez é a melhor prova de desenvolvimento espiritual, e aquele que o sente, embora leve e vagamente, não precisa se preocupar com qualquer dos fenômenos ocultos. Desde o início de meu noviciado, fui ensinada a confiar mais na calma interior do que em qualquer fenômeno dos planos físico, astral ou espiritual. E, com condições favoráveis e força pessoal, quanto menos os fenômenos forem vistos, mais fácil é conseguir um verdadeiro e substancial progresso espiritual. Portanto, meu humilde conselho a você é que devote sua atenção sempre para o crescimento da paz interior e não aspire a conhecer em detalhe o processo pelo qual se efetua o crescimento. Se for paciente, puro e devotado, você saberá de tudo a seu tempo, mas lembre-se sempre de que a satisfação perfeita e resignada é a parte essencial da vida espiritual.

---

[10] No original *nolens volens*. (N.T.)

O progresso espiritual não é sempre o mesmo como a benevolência e o autossacrifício, embora estes devam, no tempo oportuno, conduzir ao primeiro.

É verdade que existe, no desejo de ganhar a afeição das pessoas que nos cercam, um traço de personalidade que, se eliminado, nos tornaria um anjo; mas devemos nos lembrar de que por muito e muito tempo nossas ações ainda continuarão a ser levemente tingidas com o sentimento do "eu". Devemos nos empenhar constantemente para aniquilar este sentimento tanto quanto possível, mas desde que o "eu" deva mostrar-se de alguma maneira, é melhor que ele exista como um fator imperceptível na conduta que é gentil, delicada e conducente ao bem-estar geral, ao invés de se conduzir com o coração endurecido, o caráter inflexível, com o "eu" manifestando-se em cores bem menos atraentes e agradáveis. Com isso, em nenhum momento, sugiro que não se deva realizar esforços para lavar esta mancha indistinta, e o que desejo transmitir é que a roupagem macia e bonita com a qual a mente se veste não deve ser atirada ao fogo simplesmente por não apresentar uma brancura imaculada. Devemos ter em mente que todas as nossas ações são mais ou menos o resultado de dois fatores: um desejo de autogratificação e um desejo de beneficiar o mundo - o nosso esforço constante deve ser o de atenuar o primeiro tanto quanto possível, já que enquanto existir o germe da personalidade, ele não poderá ser inteiramente eliminado. Este germe pode ser aniquilado pelos processos nos quais o discípulo aprende, à medida que progride, através da devoção e das boas ações.

Os Mestres estão sempre próximos daqueles que Os servem e que, através da autoabnegação completa, devotaram-se de corpo, mente e alma ao serviço Deles. E até mesmo uma palavra gentil dirigida a Eles não fica sem uma resposta. Nas épocas das provas severas, Eles, segundo uma lei beneficente, deixam o discípulo enfrentar sua própria batalha sem o Seu auxílio; porém qualquer pessoa que encoraje o servidor Deles a permanecer firme tem, com certeza, sua recompensa.

Não há dúvida de que, mantendo-nos serenos e calmos, à medida que os dias passam, estamos cada vez mais sob aquela influência que é a essência da vida, e, um dia, o discípulo se surpreenderá ao descobrir que cresceu maravilhosamente sem saber ou perceber este processo de crescimento. Verdadeiramente, a Alma, no seu legítimo florescer, "cresce como a flor, inconscientemente", mas ganhando em doçura e beleza pela absorção da luz solar do Espírito.

Uma lealdade combativa em favor de qualquer pessoa ou causa dificilmente é recomendável para um discípulo, e certamente não indica progresso espiritual.

O primeiro passo, em quase todos os casos, possui o efeito semelhante ao mexer em ninho de marimbondos. Todos os componentes singulares do seu mau *karma* jorram à sua volta, e fazem aquele que não está firme sentir-se tonto e inseguro. Porém, quem tem como objetivo dar sua própria vida, se necessário for, pelo bem dos demais, sem se importar consigo mesmo, nada tem a temer. Cada solavanco nestes altos e baixos deste vórtice de misérias e provações dá força e confiança, promovendo o crescimento da Alma.

Lembre-se de que todo o sofrimento que um discípulo deve passar é uma parte integral do seu treinamento, e flui do seu desejo de aniquilar a personalidade que existe nele. Ao término, descobrirá a flor da sua Alma abrindo-se graciosa pela tempestade subjugada, e o amor e a misericórdia do Mestre mais do que compensando por tudo o que ele sofreu e se sacrificou. É somente uma prova do momento, porque ao final ele descobrirá que não houve nenhum sacrifício, e o ganho foi total.

O amor no plano mais elevado repousa somente nas alturas serenas da alegria, e nada pode lançar uma sombra sobre a sua dignidade imaculada.

Piedade e compaixão são os sentimentos apropriados para nutrir-se em relação à humanidade pecadora, e não devemos estimular qualquer outra emoção tais como ressentimento, aborrecimento ou irritação. Estes últimos podem não somente nos prejudicar, mas também àqueles contra quem ocasionalmente acolhemos estes sentimentos; em outras palavras, àqueles que de bom grado desejaríamos aperfeiçoar e livrar de todos os erros. À medida que crescemos espiritualmente, nossos pensamentos crescem incrivelmente mais fortes em poder dinâmico, e somente aqueles que possuem uma experiência real sabem como um pensamento, mesmo passageiro, de um Iniciado resulta em uma forma objetiva.

É maravilhoso como os Poderes das Trevas parecem varrer, por assim dizer, de uma só vez, todos os tesouros espirituais mais ricos de alguém, reunidos com sofrimento e cuidados após anos de estudo e experimentação incessantes. É maravilhoso porque, apesar de tudo, é uma ilusão, e descobrimos isto logo que a paz é restaurada e a luz nos ilumina novamente. Vemos que não perdemos nada - que todos os nossos tesouros estão lá, e que a tempestade e as perdas eram só uma quimera.

Embora as perspectivas possam a qualquer momento se apresentar dilacerantes, embora possa parecer triste e melancólico o estado das coisas, não devemos nem por um único momento deixar espaço para o desespero, pois este enfraquece a mente e diminui a nossa capacidade de servir aos nossos Mestres.

Tenha a certeza de que os Senhores da Compaixão estão sempre olhando seus verdadeiros devotos, e nunca permitem que aqueles de corações honestos e os buscadores determinados da luz permaneçam na ilusão; mesmo quando num recesso temporário, os Sábios Senhores mostram lições que os ajudarão sobremaneira para o resto de suas vidas.

São simplesmente nossas ignorância e cegueira que emprestam uma aparência de estranheza e incompreensibilidade ao nosso trabalho. Se passarmos a ver as coisas sob sua luz verdadeira e em seus significados plenos e mais profundos, tudo parecerá perfeitamente justo e correto, a expressão mais perfeita da razão mais elevada.

Segue diretamente da Lei de Justiça e Compaixão - a Lei do *Karma* e a direção moral do Universo - que não existe na ordem das coisas manifestas nem um pouco mais de dor e miséria que sejam absolutamente necessários para os fins da evolução mais plena. O fato de que cada ato de autossacrifício por parte da *mônada* em evolução fortalece as mãos do Mestre, trazendo um reforço, por assim dizer, às Forças do Bem, será uma realidade antes de que venhamos a ser partes do passado pelo menos um bom percentual da presente raça.

Não seria muito valioso para nós se soubéssemos com precisão tudo o que aconteceria conosco. Pois não estamos preocupados com os resultados, e tudo o que nos importa é o nosso próprio dever; enquanto o caminho estiver claro para nós, são de pouca importância as consequências dos passos dados neste plano exterior. É a vida interior que é a vida real; e se a nossa fé na orientação dos Senhores for firme, não devemos ter dúvidas de que quaisquer que sejam as aparências desta esfera ilusória, tudo estará bem interiormente, e o mundo estará seguindo em sua linha de evolução. Esta ideia nos traz conforto, há bem-aventurança neste pensamento, e somente ele deveria ser suficiente para nos encorajar quanto aos nossos deveres atuais e nos estimular para uma maior atividade e trabalho mais firme.

Existe uma grande diferença entre aquele que sabe que a vida espiritual é uma realidade e o homem que somente balbucia sobre ela mas que não a percebe, que tenta agarrá-la ou mantê-la, mas não inala seu hálito perfumado e nem sente seu toque delicado.

Há muito mais sabedoria Naqueles que nos observam do que podemos imaginar, e se somente prendêssemos com firmeza a nossa fé nisto, não cairíamos em erros graves e seguramente evitaríamos muitas das preocupações desnecessárias, inferiores e inúteis. Pois não são poucos os nossos erros que podem ser atribuídos ao excesso de ansiedade e medo, a nervos demasiadamente sensíveis e até ao zelo ardoroso.

Você agora compreenderá que a devoção integral é um fator poderoso na promoção do crescimento da Alma, embora não tenha sido vista e nem compreendida até o momento, e você não me responsabilizará por tê-lo aconselhado a deixar de lado todos os pensamentos sobre os fenômenos e o conhecimento espiritistas, poder psíquico e experiências incomuns, pois sob a serena luz solar da paz cada flor da Alma sorri e desabrocha rica em sua cor radiante, peculiar. Então, um dia, o discípulo olha com assombro para a beleza e para a fragrância deliciosa de cada flor, regozija-se, e no regozijo entende que a beleza e o esplendor emanam do Senhor a Quem ele serviu. O processo de crescimento não se encontra no artigo trivial e detestável conhecido dos frequentadores do pseudoocultismo. É algo misterioso, tão doce, tão sutil, que ninguém pode falar sobre ele, mas somente conhecê-lo pelo servir.

Você provou algumas gotas do néctar da Paz, e, ao provar, descobriu força. Sabe agora e para sempre que na calma da Alma está o verdadeiro conhecimento, e da divina tranquilidade do coração provém o poder. A experiência da paz e da alegria celestiais é portanto a única vida espiritual verdadeira, e o crescimento na paz é o único que significa crescimento da Alma. O testemunho de fenômenos incomuns pelos sentidos físicos faz surgir a curiosidade e não promove o crescimento. A devoção e a paz formam a atmosfera na qual a Alma vive, e quanto mais você o tiver, mais vida sua Alma possuirá. Por isso, confie sempre nas experiências do seu Ser Superior como um teste do seu próprio progresso, como também da realidade do mundo espiritual, e não atribua importância alguma aos fenômenos físicos os quais nunca fazem, e nunca podem criar uma fonte de força e consolo.

Os servos humildes e devotos dos Mestres realmente formam uma corrente na qual cada elo está ligado aos Compassivos Seres. Portanto, a energia que liga um elo da cadeia com o seguinte implica a força da corrente que sempre se aproxima Deles. Por esta razão, não devemos cair na ilusão popular de considerar como fraqueza o amor tão amplamente partilhado com o Divino.

Até o amor comum, se real, profundo e abnegado, é a manifestação mais pura e elevada do Ser Superior e, se abrigado no âmago de alguém com constância e desejo do autossacrifício, o conduzirá finalmente a uma compreensão mais clara do mundo espiritual do que qualquer outro ato ou emoção humanos. O que dizer então de um amor que tem como base uma aspiração comum de alcançar o Trono de Deus, que reza unido para sofrer pela humanidade ignorante e pecadora, e um penhor mútuo para sacrificar sua própria felicidade e conforto com o intuito de melhor resignar-se ao serviço Daqueles que estão sempre construindo um baluarte com Suas bênçãos entre as terríveis forças do mau e a Humanidade - indefesa e órfã!... Mas as ideias do mundo são sempre distorcidas pelo egoísmo e infâmia da natureza humana. Se no amor existe fraqueza, não sei onde repousa a força. A verdadeira força não consiste de disputas e oposições, mas reside com toda sua potência no amor e na paz interior. Portanto, o homem que deseja viver e crescer deve amar sempre e sofrer pelo amor.

Quando o mundo, cego em sua ignorância e vaidade, fez justiça aos seus verdadeiros salvadores e mais devotados servos? Basta que alguém veja, e nesta visão tente dissipar, tanto quanto possível, a ilusão das pessoas próximas. O desejo de que cada um tenha os olhos para ver e reconhecer o Poder que trabalha para a sua regeneração permanecerá irrealizado até que a atual escuridão que nos envolve como uma mortalha, obscurecendo a visão espiritual, tenha sido completamente afastada.

PAZ A TODOS OS SERES.

A Vida Teosófica

Tradução
Marina Villares Lenz César

A VIDA TEOSÓFICA[11]

Há certas maneiras de olhar a vida que parecem surgir naturalmente de nossos estudos teosóficos. De bom grado eu desejaria inspirar meus leitores com renovada energia e determinação, em meio às provações do momento, no sentido de porem em prática na vida diária as doutrinas que nós tão continuamente estudamos. Pois, se a teosofia não for uma ciência da vida, se o teósofo, por meio da Sabedoria Divina que ele estuda, não se tornar sábio para o auxílio de todos ao seu redor, então sua vida é realmente pior do que a vida comum. Pois, onde a inspiração é maior, não se elevar é cair mais baixo do que o homem comum. Há uma grande verdade naquela parábola onde é dito que o homem que não usou seu talento

[11] The Theosophic Life - TPH, Adyar, 1984 - Reedição de texto publicado no início do século.

era merecedor da punição mais pesada, e que aquele que sabia e não agiu deveria ser castigado com muitas chicotadas, enquanto que aquele que não sabia e não agiu deveria apenas ser castigado com poucas. Agora, o teósofo não pode pretender não saber. De todos os lados, conhecimentos jorram sobre ele. Com estas vantagens de conhecimento, nosso fazer deve ser melhor que o fazer da maioria à nossa volta, e, a menos que possamos corroborar a teosofia na vida, quanto menos nos professarmos teósofos, melhor.

Quais os principais pontos na vida sobre os quais brilha uma luz mais forte? Do primeiro objetivo - ser um núcleo de Fraternidade - deduz-se que nosso principal trabalho deve basear-se no auxiliar, tanto quanto possamos, tudo o que conduz à Fraternidade, e assim nos dando conta de que ela não deve ser uma mera profissão vazia. Não me alongarei sobre este ponto, analisarei apenas as duas grandes doutrinas da reencarnação e do *karma*.

REENCARNAÇÃO

Que diferença deve aparecer numa vida na qual a doutrina da reencarnação é definitivamente aceita? Em primeiro lugar, olhar a vida com um horizonte mais amplo deveria nos dar uma paciente força e uma ausência de pressa que não são muito características da vida moderna. Com a perda da doutrina da pré-existência da alma no Cristianismo e a consequente infinitude do céu e do inferno, toda a sorte de uma condição eterna passou a depender desta única vida. Inevitavelmente, com esta mudança de pensamento, a pressa tornou-se uma das características da vida. Tal como num barco quando existe perigo de naufrágio há pânico e luta, assim também com todos os que acreditam naquele pesadelo de um inferno eterno e no sonho de um céu eterno, este elemento de pressa entra na vida - tanto para ser feito, problemas tão vastos e um tempo tão breve. A vida torna-se uma luta, na qual o fracasso terá como resposta uma dor perpétua. Com a perda da crença na reencarnação, ser "salvo" também perdeu seu significado antigo - que o ciclo de renascimentos havia chegado ao fim, e que o homem havia se transformado em "um pilar no templo de Deus para de lá não mais sair". A antiga ideia cristã não era ser salvo do inferno, mas do sempre recorrente ciclo de renascimentos, das infindáveis "ressurreições" na carne que Tertuliano falou. "Para aquele que triunfou" havia a promessa de tornar-se um pilar no grande templo da humanidade, para não mais sair, mas para sustentar aquele templo como uma poderosa força mantenedora.

Aquela esplêndida ideia de salvação transformou-se na mesquinha salvação individual de uma simples unidade da raça humana. Mas quando se compreende que nós temos muitas chances, que cada fracasso traz o sucesso um pouco mais perto, e que o último fracasso é o limiar do sucesso, então uma grande força cresce na vida. Há tempo suficiente, intermináveis oportunidades, e a queda de hoje é a elevação de amanhã. E lentamente, à medida que este pensamento da reencarnação se torna parte de nós, um princípio a ser vivido, descobrimos que nossa vida encontra a calma, a serenidade que advém da consciência de uma vida imortal. Nós estamos vivendo um dia dentre muitos dias, e o que não podemos fazer hoje, amanhã deveremos alcançar inevitavelmente. Imenso é o poder desta ideia, desde que plenamente reconhecida, quando sentimos que não há nada que esteja além de nossas forças, pois temos tempo durante o qual nossas forças podem gradualmente evoluir. Mas não é apenas isto; todas as pessoas ao nosso redor ganham um novo aspecto quando compreendemos o fato da reencarnação. Com nossos amigos temos um laço mais próximo, pois todos que conhecemos como um amigo vêm de nosso passado, Espírito aclamando Espírito através do obscurecedor véu do corpo material; e compreendemos a imortalidade do amor à medida que compreendemos a imortalidade da vida. E quando ao invés de amigos nós encontramos um inimigo, que diferente o aspecto quando conhecemos a verdade da reencarnação! O que é o inimigo? Alguém que ofendemos no passado, alguém com quem temos uma dívida, e que aparece para reclamá-la. O pagamento nos deixa livres. Ele é um libertador, não um inimigo; ele nos dá a oportunidade de saldarmos um débito, sem cujo pagamento nunca estaríamos livres. Quando o vemos sob esta luz, em que se transforma a raiva ou o ressentimento? Em que se transformam quaisquer sentimentos, senão em gratidão para com aquele que nos cobra o pagamento de uma antiga dívida e nos deixa livres para seguirmos nosso caminho? Ninguém pode nos causar danos senão nós mesmos; o inimigo que parece nos golpear é apenas a nossa própria mão golpeando a nossa própria face, nossa própria ação que surge em uma nova encarnação. Se estamos zangados, estamos zangados conosco mesmos, ressentidos conosco mesmos, sendo vingativos contra nós mesmos. Não há inimigos quando a reencarnação é completamente compreendida. Olhando para todas as coisas desta maneira, uma grande amargura irá embora de nossas vidas. Pois aquilo que fere não é a injúria, mas o ressentimento, a sensação de algo errado, o sentimento de ter sido injustamente tratado. Estes são os aguilhões que causam a dor em qualquer ação, e quando compreendemos que se trata apenas do pagamento de uma dívida, então nenhum destes aguilhões está presente; há apenas a restauração do equilíbrio de uma antiga má ação. Todos os aguilhões desaparecem e permanece apenas a atividade, a qual é o restabelecimento do equilíbrio.

E quando assim tivermos olhado para amigos e inimigos, que dizer das circunstâncias da vida? A reencarnação nos faz compreender que as circunstâncias ao nosso redor são exatamente aquelas melhores para o nosso crescimento e evolução. É um profundo engano imaginar que em outras circunstâncias quaisquer de nós estaríamos melhor do que estamos agora. As pessoas dizem: “Se apenas minhas circunstâncias fossem diferentes, eu poderia levar uma vida muito mais útil”. Erro! Você está fazendo o máximo onde você está, em qualquer outro lugar você estaria pior, não melhor. Você está cercado exatamente pelas coisas que você quer para o próximo passo no caminho ascendente, e no momento que você estiver pronto para seguir qualquer outra linha na vida, naquele momento aquela linha de vida se abrirá à sua frente. Há um obstáculo na família? Este é exatamente o obstáculo requerido para te ensinar paciência. Há negócios que interferem? Esta é a situação necessária para desenvolver qualidades nas quais você está deficiente. Em cada caso particular, tão sábia é a Boa Lei. As circunstâncias ao seu redor são as melhores que a sabedoria de um arcanjo poderia planejar para o seu crescimento e desenvolvimento. É impossível descrever a paz que este conhecimento traz para a vida. Todo aborrecimento desaparece, toda preocupação cessa, e a ansiedade por algo diferente não mais corrói o coração. Um contentamento completo, absoluto, perfeito, desce sobre a alma; neste contentamento a lição do meio ambiente doloroso foi aprendida, e este gradualmente se modificará.

E mesmo assim, este não é todo o benefício que advém de uma real compreensão da reencarnação. Ela dá uma infinita tolerância, infinita paciência com tudo ao nosso redor. O grande problema do verdadeiro bom homem ou mulher é que as pessoas não são boas da maneira que ele ou ela desejam que elas sejam boas. "Se pelo menos o meu vizinho fizesse o que eu penso que ele deveria fazer, quanto melhoraria sua vida". As boas pessoas se preocupam demasiadamente, não com melhorarem suas próprias vidas, mas com reformar as vidas dos seus semelhantes. Tudo isso é trabalho posto fora. O Ser em cada um sabe seu próprio caminho muito melhor do que o Ser em qualquer outra pessoa pode julgar por ele, e estabelece sua rota na vida de acordo com o desenvolvimento que ele deseja e de que necessita. Ele escolhe o seu melhor caminho. "Mas", diriam vocês, "ele está tomando um caminho errado". Errado talvez para vocês, mas certo para ele. As lições que aquele Ser quer aprender em seu presente corpo, quem pode julgar? Será que nós sabemos cada incidente de suas experiências passadas, suas anteriores tentativas, fracassos e vitórias, de forma que possamos dizer o que agora ele requer para o próximo passo no desenvolvimento de sua vida? Aquela experiência que te parece tão terrível pode ser a mesma experiência de que ele necessita; o fracasso que pensas ser tão mau, pode ser o mesmo fracasso que tornará o sucesso inevitável. Nós não podemos julgar nossas próprias vidas, cegos pelo corpo; como então poderemos julgar a vida de outro? Não há lição mais vital do que não tentar controlar ou moldar outros de acordo com nossas próprias ideias. Será que nunca nos ocorreu que neste mundo - que é de Deus - há infinitas variedades de formas, infinitas diferenças de experiências? Por quê? Porque apenas nessa infinita diversidade podem os infinitos poderes do Ser se tornarem manifestos. O que é uma falta para nós, cegos e ignorantes, é apenas o que é requerido quando visto do outro lado. Nós precisamos escolher nosso caminho de acordo com o nosso conhecimento e a nossa consciência e deixar os outros escolherem os seus.

Mas, vocês poderiam perguntar – "isso quer dizer que nunca deveríamos orientar, nunca dar conselhos?" Não. Este é o auxílio razoável que vocês podem dar; mas vocês não deveriam tentar coagir, não deveriam dizer:

"Você deve fazer isto já". O Ser está em todo o homem, e como diz o grande dito do Egito, que tenho tão frequentemente citado: "Ele faz seu próprio caminho de acordo com a Palavra". "A Palavra" significa aquilo que é entoado pela natureza quando perfeita, construída por infinitas vibrações que compõem uma nota, e o conjunto de todas as notas constituindo o acorde daquela vida particular. Esta é "A Palavra". De acordo com "A Palavra" daquele Ser individualizado ele constrói seu caminho. Algumas vezes em um acorde musical uma nota discordante é necessária para a perfeição da harmonia. Ela soa muito mal, quando separada, mas como parte da harmonia de um grande acorde, aquela nota que era tão discordante enriquece e torna perfeito o acorde. A metade do segredo dos belíssimos acordes de Beethoven jaz no poder com que ele usa notas discordantes. Sem elas quão diferente seria sua música, quão menos rica, menos melodiosa e menos esplêndida. E há na vida humana tais notas aparentemente discordantes. Chocando-se separadamente, elas assustam e até mesmo nos horrorizam, mas na Palavra final aquelas notas também encontram sua resolução, e todo o acorde da vida é perfeito. A reencarnação nos ensina que por percebermos tão somente um mero fragmento de uma vida não podemos julgá-la. Se eu cobrisse praticamente todo um quadro na parede, como poderia um observador julgar a beleza, ou falta de beleza, de toda a pintura? Similarmente, como poderemos julgar a beleza do quadro, no qual aquilo que nos parece um defeito pode ser a sombra que dá profundidade e beleza ao todo da vida, a qual é muito mais complexa do que podemos imaginar? Se todas as vidas fossem feitas de acordo com nossas estúpidas ideias, que tipo de universo veríamos ao nosso redor? Mas o Universo é o pensamento de Deus, e ele está se manifestando em todos os pontos dele, e quando vemos o que para nós parece um pecado, é sábio perguntarmos a nós mesmos: "Qual o significado desta manifestação do Ser?", e não condená-la. Então aprendemos. Não precisamos copiá-la. Para nós ela pode ser má. Mas nunca deveríamos julgar nossos semelhantes. Esta é a lei afirmada em todas as grandes escrituras. A atitude do teósofo deveria ser sempre aquela de um aprendiz na vida: "O que tem este homem, ou aquela circunstância, para me ensinar? O que tenho eu que aprender deste problema?" Desta maneira deveríamos olhar a vida, e, ao fazer isso, estaríamos tão interessados nela que não teríamos tempo para julgar ou culpar, e nossa vida começaria a ser uma vida de sabedoria.

KARMA: Uma Criação Contínua

Muito mais poderia ser dito nesta linha de pensamento; mas permitam-me agora mudar para um dos ensinamentos teosóficos mais mal-entendidos, a doutrina do *karma.* Poucas coisas, talvez, são tão perigosas como um pequeno conhecimento da lei do *karma.* E infelizmente muitos de nós paramos no ponto do pequeno conhecimento. Nós precisamos lembrar como o *karma* é gerado, e julgarmos por aquilo que sabemos, não pelo que imaginamos. As pessoas com frequência falam do *karma* como se ele fosse uma grande carga jogada sobre a cabeça do homem ao nascer, contra a qual ele nada pode fazer. Algumas vezes isso ocorre, mas na vasta maioria dos casos o *karma* que vocês estão criando todos os dias está modificando todos os resultados do *karma* do passado. É uma criação contínua, e não algo parado esperando por nós; não é uma espada pendendo sobre nós, a qual pode cair a qualquer momento. Uma maneira de considerar isso praticamente é relembrar as leis *kármicas:* o pensamento cria o caráter; o desejo, a oportunidade; a atividade, o meio ambiente. Observem qualquer um dos seus dias e perceberão seus pensamentos muito misturados, alguns úteis, outros nocivos; e se tiverem que fazer um balanço, a resultante da mescla de todos esses pensamentos na corrente *kármica* pode ser algo muito difícil de determinar. Assim também com os desejos; parte do dia estarão desejando nobremente, outra parte baixamente; algumas vezes sabiamente, outras vezes estupidamente. A resultante dos desejos do dia também não é fácil de ser vista, mas ela certamente será muito misturada. Da mesma forma com suas ações; algumas palavras violentas, outras bondosas; algumas amáveis, outras ásperas; muito mescladas mais uma vez. O estudo de um dia provará que vocês estão criando um *karma* muito variado, e que é difícil dizer se o resultado final é bom ou mau. Apliquem isso para suas vidas passadas e vocês se libertarão da noção de uma enorme corrente que varre suas vidas.

Aquela corrente é formada por milhares e milhares de diferentes correntes, e elas atuam umas contra as outras. No caso de muitas das decisões que vocês tomam e as ações que seguem tais decisões, os pratos da balança do *karma* estão equilibrados. Uma real compreensão do *karma* é um estímulo para a ação vigorosa. A qualquer momento vocês podem mudar o resultado de destinos e podem alterar o peso em um prato ou outro da balança de suas sortes. O *karma* está sempre sendo feito. Seja qual for a circunstância, façam o melhor uso dela no momento, e se a balança estiver muito pesada contra vocês, não se importem, vocês terão feito o melhor, e isso irá para o outro prato da balança, tornando-os mais equilibrados para todo o futuro. A ação vigorosa é sempre sábia. Não importa se ela parece não poder resolver, vocês terão diminuído o peso contra vocês. Cada esforço tem seu pleno resultado, e quão mais sábios vocês forem, melhor vocês podem pensar, desejar e agir. Se vocês olharem o *karma* dessa maneira, ele nunca os paralisará, mas sempre os inspirará. "Mas", dirão vocês, "há certas coisas, apesar de tudo, nas quais meu destino é mais forte do que eu". Vocês podem algumas vezes enganar o destino, quando não podem enfrentá-lo face a face. Quando navegando com ventos contrários, o navegante não pode mudar o vento, mas ele pode mudar a direção das velas. A direção do navio depende da relação das velas com o vento, e, por meio de um bordejo cuidadoso, pode-se quase que navegar contra um vento adverso, e com um pequeno trabalho a mais chegar ao porto desejado. Isto é uma parábola a respeito do *karma.* Se você não pode mudar sua sorte, mude a si mesmo, e encontrando-a num ângulo diferente, você irá deslizando com sucesso onde o fracasso parecia inevitável. "*Yoga* é habilidade na ação", e esta é uma maneira pela qual o homem sábio governa seus astros ao invés de ser governado por eles. Nas coisas que são realmente inevitáveis, e nas quais você não pode mudar sua atitude, permaneça firme. Elas são muito poucas. Quando houver um destino tão poderoso que você possa apenas curvar-se ante ele, mesmo então aprenda com ele, e daquele destino você colherá uma flor de sabedoria que talvez uma sina mais feliz não o permitiria colher. E assim, em todas as ocasiões, nós descobrimos que podemos enfrentar e conquistar e, mesmo da derrota, podemos colher a flor da vitória.

Desta maneira nós aprendemos a vida teosófica, e ela se torna mais e mais realidade a cada semana que vivemos. A vida teosófica precisa ser uma vida de serviço. A menos que estejamos servindo, não temos direito algum de viver. Nós vivemos pelo constante sacrifício de outras vidas por todos os lados, e nós devemos retribuí-lo; de outro modo, para usar uma frase antiga, nós somos tão somente ladrões e não retribuímos as dádivas recebidas. O serviço é o grande iluminador. Quanto mais servimos, mais sábios nos tornamos, pois aprendemos sabedoria não pelo estudo, mas vivendo. Há um sentido no qual o dito seguinte é perfeitamente verdadeiro: "Aquele que cumpre a vontade conhecerá a doutrina". Viver a vida de serviço clareia a atmosfera mental dos nevoeiros deformantes do preconceito, da paixão e do temperamento. Unicamente o serviço torna a vista simples, de forma que todo o corpo esteja cheio de luz, e somente aqueles que servem são os que verdadeiramente vivem. Este é o ideal teosófico com o qual devemos permear o viver de cada um de nós, pois é na medida que nos doamos em serviço aos demais que podemos clamar o serviço Daqueles que estão em alturas mais elevadas do que nós. Aqueles que servem a humanidade servem na proporção do serviço prestado. Eles estão fadados a enviar correntes de vida por canais que as carregarão a todos os lugares e as distribuirão, e Eles buscam, a fim de que possam servir a humanidade, aqueles cujas vidas sejam um longo serviço para a raça. Por serviço não me refiro somente aos grandes atos de serviço feitos pelo mártir ou pelo herói. Sempre que por amor você serve um homem ou mulher, você serve a raça. Na Índia, todo homem verdadeiramente religioso oferece cinco sacrifícios cada dia. Um destes sacrifícios é o "sacrifício aos homens"; poderíamos chamá-lo de sacrifício à humanidade. A aplicação disso é que antes que o dono da casa se alimente, ele deve alimentar alguém que necessite de alimento. Somente após ter alimentado outro pode ele tomar o seu próprio alimento. Nós também servimos a raça, servindo o semelhante que estiver mais perto e podemos glorificar cada singelo ato de serviço vendo, atrás daquele que o recebe, o grande ideal: "Ao te servir eu sirvo a raça, e tu és a mão da raça".

A vida torna-se grande quando a olhamos desta mais ampla perspectiva, quando vemos as coisas como elas são, ao invés de estarmos cegos pelas aparências exteriores. Que nossas vidas sejam grandes e não mesquinhas. A vida grande é a vida feliz, e aquele cujos ideais são grandes é ele mesmo grande; pois a matéria se molda de acordo com a vontade do Espírito que a anima, e uma vida que é insignificante do ponto de vista externo pode ser grande por causa do esplendor do ideal que ela encerra. Se não pudermos fazer grandes coisas, que façamos pequenas coisas perfeitamente, pois, a perfeição jaz na perfeição de cada detalhe e não no tamanho do ato. Não há nada grande, nem nada pequeno do ponto de vista do Ser. O ato do Rei, cuja vontade molda uma nação, não é maior do ponto de vista do Ser que o ato da mãe ao afagar uma criança chorando. Cada um é necessário, é parte da Divina atividade. Porque é necessário, ele é grande em seu próprio lugar, e o todo, não qualquer uma das partes, é a vida do Ser. Ela é como um imenso mosaico, e cada fragmento que não esteja no seu próprio lugar provoca uma mancha na perfeição do todo. Nossas vidas são perfeitas na medida em que preenchem a lacuna apropriada no grande mosaico, e se deixamos de fazer nosso trabalho, enquanto ansiamos por outro, dois lugares podem ficar vazios, e o todo mal feito.

Estas são algumas das lições que fundamentam a vida que é verdadeiramente teosófica. Desta maneira a teosofia se converte num auxílio, num imenso poder, e se assim pudermos viver, nossas vidas ensinarão teosofia melhor do que a língua de qualquer orador, por mais habilidoso e eloquente que ele seja. Isto porque há apenas poucos oradores, enquanto muitos são os que vivem, e suas vidas podem pregar mais eloquentemente que qualquer perícia da oratória. Esta é a mensagem que queria aqui trazer, esta é a inspiração que desejaria transmitir à vida de cada leitor - a inspiração pela qual, ainda que imperfeitamente, oriento a minha própria vida. Pois percebo que na medida que estes pensamentos se tornam mais fortes e mais influentes, na medida que eles se transformam em realidades vivas e não somente belas teorias, toda a vida se torna esplêndida, não importando que circunstâncias externas possam existir.

Vigia! Como está a Noite?
"A Noite está perto do Amanhecer".
Como sabes que o Sol está próximo?
"A Estrela da Manhã, a Estrela no Oriente
"Está brilhando sobre o horizonte".
Irmãos! Preparem-se! Levantem suas cabeças.

Revelação, Inspiração e Observação

Tradução
Carlos Cardoso Aveline

REVELAÇÃO, INSPIRAÇÃO E OBSERVAÇÃO[12]

sua abordagem pelo estudante teosófico

Aqueles que assumem com seriedade o estudo da teosofia não devem ficar satisfeitos com a mera leitura da volumosa literatura teosófica que foi derramada sobre o mundo durante os séculos passados e continua a fluir em nossos dias. Eles devem, também, se tiverem alguma aptidão interna para esta investigação, preparar-se para desenvolver as faculdades pelas quais podem verificar por si mesmos o que lhes é contado por outros. Mas, em todo caso, muito estudo teórico é desejável antes que se passe para o estudo prático e, na maior parte dos casos, não será possível desenvolver os sentidos mais sutis dentro dos limites da atual encarnação, embora possa ser construído

[12] Palestra feita na convenção inglesa da Sociedade Teosófica, em 4 de julho de 1909, e publicada pela *Theosophical Publishig House*, Adyar, em 1980.

um bom alicerce para este desenvolvimento na próxima. Assim, o estudo teórico deve ocupar uma grande parte do treinamento de cada estudante teosófico, e sua atitude com relação a este estudo é uma questão de séria importância. O estudante necessita discriminar os livros que lê, e adequar sua atitude ao tipo de livro; deve procurar compreender o que significa Revelação, e o que é Inspiração, sabendo distinguir literatura revelada de literatura inspirada e a ambas dos registros de observações.

Algumas Escrituras tidas como autorizadas estão por trás de todas as grandes religiões. Assim, o Hinduísmo tem o Veda. A palavra significa conhecimento e se refere ao conhecimento do que é eternamente verdadeiro. É o conhecimento do Logos, o conhecimento do senhor de um universo; o conhecimento do que *é*, e não do que *parece*; o conhecimento de realidades, não de fenômenos. Ele permanece sempre no Logos; é parte Dele. Na sua forma manifestada, como revelado para ajuda do homem, vem a ser os *Vedas,* e sob esta forma passa por muitos estágios, até que finalmente pouco resta do original. Todas as escolas hindus de filosofia reconhecem a suprema autoridade dos Vedas; mas depois de feito este reconhecimento formal, o intelecto é deixado completamente livre para inquirir, julgar e especular. Rígido como é o Hinduísmo em sua política social, ele sempre deu liberdade ao intelecto humano; em filosofia, em metafísica, sempre compreendeu que a verdade tem de ser buscada, e que não deve haver castigo para o erro, porque este já é suficientemente punido pelo fato de ser erro e gerar infortúnios através das leis naturais. Mesmo hoje aquela antiga liberdade é mantida, e o homem pode pensar e escrever como quiser, contanto que siga na prática os costumes sociais de sua casta. O Hinduísmo divide todo conhecimento em dois tipos - o supremo e o inferior. No inferior ele coloca todos os seus livros sagrados - seguindo nisto o dito de um *Upanishad*[13]- juntamente com qualquer outra literatura, com toda ciência, toda instrução; na categoria do supremo, ele coloca apenas "o conhecimento Daquele por Quem todo o resto é conhecido". Aí você tem o Hinduísmo em poucas palavras. Uma vez que o supremo conhecimento é atingido e a iluminação é experimentada, todas as Escrituras passam a ser inúteis. Isto é afirmado com toda clareza e coragem numa conhecida passagem do *Bhagavad Gitā:* "Todos os Vedas são tão úteis para um *Brâhmane* iluminado quanto um reservatório de água num lugar coberto pelas águas"[14]. Qual é a necessidade de um reservatório quando a água está por toda parte? Qual é a necessidade de Escrituras quando o homem é iluminado? A revelação é inútil para aquele a quem o Ser está revelado.

[13] *Mudakopanishad, I, i, 5.*
[14] on, cit, ii, 46.

Nos primeiros dias do Budismo, os Vedas eram tidos em alta conta, porque o Senhor Buda, como afirma o Dr. Rhys Davids, "nasceu, foi educado, viveu e morreu como hindu[15]". Mas a condição da liberdade intelectual para os budistas está contida no sábio conselho do seu Instrutor: "Não acreditem em uma coisa dita simplesmente porque é dita, nem em tradições porque vêm sendo transmitidas de um para outro desde a antiguidade; nem em rumores enquanto rumores; nem em escritos de sábios apenas porque foram sábios que os escreveram, nem na mera autoridade de seus próprios instrutores ou mestres. Mas devemos acreditar quando o escrito, a doutrina, ou dito, é corroborado pela nossa própria razão e consciência. Por isso tenho ensinado a vocês a não acreditar apenas por haverem escutado, mas acreditarem quando a crença ocorre a partir de sua própria consciência, e então agirem de acordo com isto e intensamente".[16] Mesmo a revelação, para o budista, deve ser confrontada com a pedra de toque da razão e da consciência; deve haver uma resposta a ela a partir de dentro, o testemunho interior do Ser, antes que possa ser aceita como verdadeira.

Nas fés cristã e muçulmana - ambas grandemente influenciadas pelo Judaísmo - a natureza autoritária da revelação é mais acentuada que em qualquer fé anterior.

[15] *Buddhism*, p. 116.
[16] *Kalama Sutta* de Anguttara Nikiya.

Na época moderna, a dominação e o jugo da Escritura revelada têm sido muito atenuados para a cristandade pelo crescimento do espírito crítico e pelas pesquisas acadêmicas. O moderno estudioso cristão enfrenta poucos obstáculos a mais que o hindu por causa da sua revelação. Ele faz uma reverência convencional diante dela, como quem levanta o chapéu, e depois segue livremente o seu caminho.

REVELAÇÃO

O que é Revelação? É a comunicação, feita por um Ser superior à humanidade, de fatos conhecidos por Ele mas desconhecidos por aqueles a quem Ele faz a revelação - fatos que eles não podem perceber pelo exercício dos poderes que desenvolveram até agora. Estes fatos podem ser verificados a qualquer momento por quem haja alcançado o nível do Revelador, que pode ser um *Avatar,* um *Rishi,* ou o Fundador de uma religião. Eles "falam com autoridade", a autoridade do conhecimento, a única autoridade diante da qual todos os homens sensatos se curvam. Verificamos que estes grandes Seres não escreveram seus próprios ensinamentos; ensinaram, mas não fizeram registros. Algum seguidor ou discípulo, talvez depois de muitos anos e mesmo séculos, registrou o que ele ou seus antepassados escutaram; por isso, a revelação - e esta regra praticamente não tem exceção - é inevitavelmente, em alguma medida, colorida, estreitada e distorcida por quem a transcreve. O que foi escutado originalmente por quem rodeava o Instrutor divino persiste de fato nos registros *akáshicos,* e sempre pode ser recuperado por aqueles que desenvolveram a percepção interna necessária a sua leitura. Em muitos casos, registros qualificados terão sido feitos por pessoas altamente habilitadas; mas tais livros preciosos são mantidos sob a firme custódia dos seus guardiães escolhidos, em templos secretos, em bibliotecas de rocha, disponíveis para o estudo de altos Ocultistas e ninguém mais.

Os maometanos diriam que no caso do seu livro sagrado há mais certeza de que as próprias palavras do seu Profeta foram preservadas. E, sem dúvida, isto se deve à extrema autoridade do *Al Quran* sobre as mentes dos fiéis do Islamismo.

Qual deve ser a atitude do estudante teosófico em relação à revelação? Ele deve tratar as escrituras do mundo com reverência, lembrando sua origem, mas não sentir submissão diante de nenhuma delas, sabendo que são transmitidas a ele através de vários canais. Deve buscar a ajuda dos melhores eruditos, e receber toda a luz possível das descobertas arqueológicas e históricas, usando o seu melhor senso crítico para separar a verdade essencial revelada de todos os acréscimos que podem haver se acumulado ao seu redor. Se já desenvolveu suas qualidades psíquicas mais elevadas, o estudante deve tentar investigar e distinguir o antigo do moderno e pesquisar os registros *akáshicos* para uma comparação, confirmação ou contradição da revelação tal como ela chegou até suas mãos. Podem ser imensos os serviços prestados por tais estudantes teosóficos na medida em que eles se tornem mais numerosos e melhor equipados para esta tarefa gigantesca. E sem este equipamento externo, muita coisa pode ser feita através do desenvolvimento interno; ele deve desenvolver dentro de si mesmo seus próprios poderes espirituais; pode procurar, em meditação profunda, a verdade que brilha na revelação sob os muitos véus da ignorância e das construções errôneas e purificar de tal modo sua vida que seus corpos se tornarão translúcidos à luz do espírito dentro dele, iluminando as palavras escritas. "Nenhum homem conhece as coisas de Deus, mas sim o Seu Espírito".[17] Mas aquele espírito mora em cada filho do homem; e na medida em que Sua luz brilha, as coisas divinas são reveladas para os puros de coração. Até que o Espírito interno responda deste modo aos en-

[17] *"The things of God knoweth no man but the Spirit of God".*

sinamentos e afirmações revelados, o estudante teosófico deve manter seu julgamento em suspenso diante das pretensões de cada revelação. Ela não é verdadeira para *ele* até que possa dar-lhe eco na voz de seu próprio Espírito, seu mais profundo Ser. Ela pode ser útil e bonita e merecedora do mais profundo estudo e da mais reverente pesquisa, como as Bíblias do mundo. Mas até que sejam afirmadas pelo Espírito interior, não pode haver submissão, para que não se dê aos erros humanos o que é devido apenas ao Espírito divino.

INSPIRAÇÃO

O que é Inspiração? É a elevação das faculdades humanas normais por alguma influência externa através de um grau após outro de poder intelectual, moral e espiritual, até o ponto em que a influência externa pode até mesmo afastar o homem de seu corpo e usar este último para a expressão de outro indivíduo; quando o novo possuidor é um Ser de uma estatura que transcende inteiramente o homem, a inspiração pode transformar-se em revelação. Alguns podem pensar que a palavra deveria restringir-se ao despertar dos poderes do indivíduo a partir de um ponto acima da sua capacidade normal até o ponto mais alto do exercício possível destes poderes, sem a expulsão do seu proprietário e sua substituição por outro indivíduo de maior grandeza que ele.

Os graus inferiores de inspiração estão ao alcance da experiência de muitas pessoas. Será que você nunca sentiu, quando escutava alguém cujo poder e conhecimento eram maiores que os seus, que as suas capacidades mentais eram elevadas a um nível mais alto do que o nível que você podia alcançar sem ajuda? Em tais ocasiões você capta aspectos da realidade que até então eram incompreensíveis; você vê plenamente onde antes havia obscuridade; o campo de pensamento se torna iluminado, e os objetos são vistos em relações até então inimagináveis: você sente que você sabe. No dia seguinte você quer compartilhar com um amigo os tesouros que adquiriu e começa a contar a luminosa exposição ouvida, a descrever os grandes horizontes que se abriram para você. E você fracassa: onde está a luz, onde estão as cenas distantes e amplas que seus olhos haviam percorrido? Sua mente mergulhou de novo em seu nível normal; a inspiração passou. O que ocorre com as faculdades intelectuais ocorre com as faculdades morais. Você havia visto uma beleza desconhecida, havia sentido uma avassaladora admiração pelo elevado e o puro: o que aconteceu com o ardor e a intensidade? Será que as frias cinzas da aprovação intelectual são tudo o que resta do coração coberto de emoção, do deleitamento apaixonado no ideal moral? Por que ele parece agora tão frio, cinzento, sem atrativos? Você foi elevado para um nível superior ao nível que você pode chegar sem ajuda, mas não obstante o ideal moral e o seu poder foram mostrados a você "na Montanha", e o fato de que você já experimentou uma vez o seu poder que a tudo domina o deixará mais suscetível a ele no futuro, e virá o dia em que aquilo que você sentiu quando inspirado por outro se transformará no exercício normal de suas próprias faculdades morais.

Quanto aos graus mais elevados de inspiração, alguns de nós podem saber o que é estar em presença dos Mestres e sentir a maravilhosa elevação da Sua presença. Não há necessidade de palavras nem de ensinamento; Sua presença é suficiente. Quando saímos daquela presença outra vez para o mundo comum, percebemos a diferença entre a sua atmosfera e a atmosfera daquele que é Santo. Mas nós já soubemos, e a memória permanece como um poder duradouro.

Aqueles que escreveram ou falaram sob inspiração foram elevados deste modo. Suas próprias faculdades intelectuais e morais foram assim estimuladas e erguidas a um nível muito acima do normal. Ainda são eles que escrevem ou falam, seus próprios temperamentos e caráteres dão colorido ao que dizem e deixam marcas no que escrevem. Mas escrevem e falam com muito mais nobreza e poder do que fariam sem ajuda.

Deste modo podemos nos elevar a graus cada vez maiores de inspiração, até que atingimos o estágio em que a mente e as emoções do homem já não controlam seu corpo, mas este é controlado inteiramente por Alguém maior.

Então já não é mais o próprio homem que fala, mas é "o Espírito do (seu) Pai que fala" nele; suas próprias limitações são deixadas de lado, suas idiossincrasias desaparecem, e as expressões inspiradas fluem em toda pureza. Neste ponto a inspiração pode transformar-se em revelação.

O PROCESSO DE INSPIRAÇÃO

O processo em que tudo isto ocorre é muito simples. Sabemos que, devido à correlação entre as mudanças na consciência e as vibrações da matéria, cada mudança na consciência é acompanhada por uma vibração da matéria apropriada pela consciência e que forma o seu corpo; cada vibração da matéria de um corpo é acompanhada por uma mudança na consciência corporificada. Qualquer destes dois termos da equação pode ser o iniciador, o outro sempre responde. Quando duas ou mais pessoas estão juntas, sendo uma delas mais evoluída que a outra ou outras, a pessoa mais evoluída, pensando, desejando, atuando, estabelece em seus próprios corpos mental, astral e físico, uma série de vibrações que correspondem às mudanças em sua consciência; estas vibrações causam vibrações similares na matéria mental, astral e física que está entre ela e a pessoa ou pessoas menos avançadas presentes. Estas vibrações na matéria interveniente causam vibrações similares no corpo ou corpos vizinhos. Elas são imediatamente respondidas por mudanças correspondentes na consciência ou consciências corporificadas, e a pessoa ou pessoas, colocadas assim *en rapport* com alguém mais avançado, pensam, desejam e agem a um nível mais elevado do que seria possível por sua própria iniciativa. São capazes de compreender com mais agudeza, sentir com mais calor e agir com mais nobreza do que poderiam sem ajuda. Quando o estímulo se afasta, elas gradualmente descem de novo a seu nível normal, mas a memória permanece, e lembram que "souberam". Além disso, será mais fácil para elas responderem uma segunda vez, e assim sucessivamente, até que se estabeleçam permanentemente no nível mais elevado. Daí o valor da companhia daqueles que estão mais avançados que nós, e de viver "em sua atmosfera". Palavras não são necessárias; pode haver pouca conversa, mas imperceptivelmente o corpo sutil sintoniza num ponto mais elevado, e talvez só quando a companhia se interrompe é que o mais jovem toma consciência da mudança que foi produzida pelo contato com o mais velho.

Resultados similares podem ser alcançados através da leitura dos escritos daqueles que são mais evoluídos do que nós. Uma série de mudanças similares tem lugar, embora menos poderosamente do que quando estimuladas pela presença direta. Além disso, o estudo reverente e determinado pode atrair a atenção do escritor, quer ele esteja ou não em seu próprio corpo, e pode atraí-lo ao estudante, fazendo com que este último fique envolvido na sua atmosfera numa intensidade comparável àquela em que estivesse fisicamente presente. Daí o valor de ler literatura nobre; nós somos elevados durante aquele tempo até o nível dela, e esta leitura, se perseverarmos, não só nos elevará a um nível superior, mas também nos estabelecerá nele. Em consequência disso, é grande o valor de uma leitura breve antes da meditação, porque nos transporta a uma atmosfera mais favorável ao trabalho da meditação do que poderíamos começar sem nenhuma ajuda.

Daí, igualmente, o valor dos "lugares santos", porque em tais lugares de meditação a atmosfera está literalmente vibrando numa faixa mais elevada do que a nossa própria; e por isso nos aconselham com tanta frequência a mantermos, se possível, uma peça ou lugar separado para meditar; o local ganhará em pouco tempo uma atmosfera mais pura e sutil que o mundo circundante. O conhecimento destas leis terá pouca utilidade para o estudante teosófico se ele não as aplicar em sua própria ajuda e em favor dos outros ao seu redor.

ATITUDE EM RELAÇÃO À INSPIRAÇÃO

Qual deve ser a atitude do estudante teosófico em relação ao homem ou ao livro inspirado? Ele deve ser receptivo, paralisando todas as suas vibrações normais tanto quanto possível, e abrindo toda sua natureza para o impacto e influxo das ondas de vibração que se derramam sobre ele. Mas sua atitude necessitaria ser mais que receptiva: deveria tentar sintonizar suavemente a si mesmo e cooperar com o influxo das ondas. Ele deveria tentar fortalecer as vibrações simpáticas, de modo que as mudanças correspondentes na consciência fossem tão completas quanto possível. Para isso ele deve fazer fluir, em direção ao Objeto inspirador, seu amor, sua fé, sua completa confiança e autoentrega, pois só assim ele pode sintonizar seus corpos em harmonia com os corpos do Inspirador. Ele deve, na ocasião, esvaziar-se de suas próprias ideias, sentimentos, atividades, dedicando-se a reproduzir, não a iniciar. Como o lago sereno pode refletir a lua e as estrelas, mas ao mesmo tempo, se agitado por uma brisa ligeira, só pode emitir reflexos fragmentados, assim também o ser inferior, paralisando sua mente, acalmando seus desejos e impondo imobilidade a suas atividades, reproduz dentro de si a imagem do superior, assim também os discípulos são capazes de refletir a mente do Mestre. E do mesmo modo, se seus próprios pensamentos surgem, se seus próprios desejos despertam, ele não terá mais que reflexos fragmentados, luzes dançantes e que não lhe dizem nada.

Se você vai ler um dos livros inspirados do mundo – *A Imitação de Cristo; Os Versos Áureos de Pitágoras; Luz no Caminho; A Voz do Silêncio* – será bom anteceder a leitura com uma oração, se esta for sua maneira habitual de elevar a consciência ao seu nível mais elevado, ou com a repetição de um *mantra*, ou o suave canto de um ritmo familiar e apreciado, para colocar a si mesmo num estado harmonioso e receptivo. E então leia uma frase, releia, medite sobre ela. Saboreie-a mentalmente, absorva sua essência, sua vida.

Assim o seu corpo sutil se tornará, ao menos parcialmente, sintonizado com o do autor inspirado, e repetindo suas vibrações você estabelecerá em sua consciência as mudanças correspondentes. Os livros inspirados têm um valor incalculável: são passos de uma escada situada entre a terra e céu, uma verdadeira escada de Jacó, por onde sobem e descem os anjos de Deus.

OBSERVAÇÃO

Ainda há um terceiro tipo de livro que merece a atenção do estudante teosófico, mas em relação ao qual sua atitude deve ser inteiramente diferente da adotada frente ao que é revelado e inspirado. São livros contendo as observações de estudantes mais avançados, observações de estudantes que estão evoluindo no conhecimento e poder sobre os planos sutis, e ainda não alcançaram a estatura de um Homem Perfeito. Há livros escritos por discípulos, como "A Doutrina Secreta" e "Budismo Esotérico", que não são registros de observações diretas dos estudantes, mas mais propriamente transcrições dos ensinamentos dos Mestres, nos quais podem aparecer erros de compreensão daqueles ensinamentos. A própria H. P. Blavatsky nos disse que havia, inevitavelmente, erros em *A Doutrina Secreta*; e como nós temos naquele livro maravilhoso suas próprias descrições de quadros mostrados a ela pelo seu Mestre, há uma abertura para possíveis erros de observação: provavelmente estes não são sérios, na medida em que ela foi cuidadosamente ajudada e supervisionada durante a produção da obra. Estes dois livros se destacam do conjunto da nossa literatura, porque os Mestres participaram diretamente da sua produção. Os livros de que falo são aqueles escritos por discípulos usando suas próprias faculdades normais, faculdades ainda em curso de evolução; livros que abordam principalmente os planos astral, mental e búdico, a constituição do homem, o passado de indivíduos, nações, raças e mundos. Gradualmente estamos acumulando uma grande quantidade de literatura deste tipo, uma literatura de observações escrita por estudantes usando faculdades superfísicas. Com relação a isto, certas coisas precisam ser levadas em conta.

Primeiro: os estudantes em questão estão em processo de evolução, e as faculdades de que eles fazem uso hoje, que se tornaram suas faculdades normais, estão mais desenvolvidas e alcançam planos mais elevados do que os conseguidos há dez ou quinze anos. Por consequência, eles veem agora muito mais do que viam na época, tanto em quantidade como em qualidade, e esta visão mais ampla deve inevitavelmente dar informes diferentes, em plenitude, dos que resultaram da visão anterior e mais estreita.

Segundo: esta maior plenitude mudará as proporções relativas e a perspectiva. Uma coisa que parecia imponente e independente quando vista sozinha pode tornar-se subordinada e comparativamente insignificante quando vista como parte de um todo maior. Podem mudar a forma e a cor, observadas num contexto que se torna visível só quando olhado a partir de uma visão mais alta. Aquilo que era um globo, navegando através do espaço para o olho físico, se transforma na extremidade de um corpo contínuo, materialmente atrelado ao sol, quando visto com a visão superfísica. Terá sido errado descrevê-lo como um globo? Sim, e não.

Ele era e ainda é um globo no plano físico, correspondendo a tudo que se pensa aqui embaixo de um globo. Em regiões mais sutis não é um globo, mas um corpo, cuja extremidade é um globo apenas para a visão mais grosseira, a qual é incapaz de perceber sua continuidade para ela invisível.

Terceiro: a visão mais aguçada detecta estágios intermediários antes impossíveis de ver, e mostra uma série de mudanças entre dois estágios que, para a vista menos aguda, estavam em sequência imediata. Assim, nas primeiras observações, foi dito que o último átomo físico se dissolvia na matéria astral. Doze anos mais tarde, ao ser estudado um fenômeno similar, foi visto que o átomo físico se divide em um imenso número de partículas inconcebivelmente pequenas, e que elas imediatamente se agrupam em 49 átomos astrais, que podem ou não combinar-se novamente em moléculas astrais. Em outro exemplo, foi mencionada uma parede composta de turbilhões: uma visão mais aguçada não vê parede, mas apenas uma cobertura ilusória, causada pelo rápido movimento, como o círculo de fogo traçado por uma tocha acesa posta a girar incessantemente. Sob a luz contínua de um combustível ou da eletricidade, um disco com raios brancos e pretos parece, ao girar, cinzento; apague a luz e deixe a escuridão ser interrompida por um rápido clarão; o disco aparece como imóvel, com cada raio branco ou preto distinto dos outros. Qual é a observação verdadeira? Em cada caso o olho dá um testemunho verdadeiro *do que ele vê*. As diferentes condições lhe impõem visões diferentes.

Outras diferenças também ocorrem, mas estas podem servir como amostras. Será então que os livros dedicados a observações são inúteis? Eles só se tornam inúteis, e até nocivos, quando o estudante teosófico os trata como revelações ou inspirações ao invés de observações. A observação é a base do conhecimento científico; a correção das primeiras observações por outras posteriores é a condição do progresso científico. O estudante de ótica, quando confrontado com o disco de raios brancos e pretos, com o disco cinzento e com o disco girando, mas captado como se estivesse imóvel, não conclui que as observações conflitantes tornam-se, por isto, inúteis. Ele pesquisa e descobre as condições da luz, e a constituição do olho, o que explicará as informações igualmente verdadeiras mas contraditórias. Ele submete as observações a renovados experimentos e ao escrutínio da razão, até que, das contradições, emerge a verdade com seus muitos lados.

ATITUDE CIENTÍFICA

Qual deve ser a atitude do estudante teosófico diante dos livros de observação? Vocês devem assumir a atitude do estudante científico, não do crente. Devem enfocá-los com uma clara inteligência, uma mente sagaz, um intelecto ávido, uma razão ponderada e crítica. Não aceitar como finais observações feitas por outros estudantes, mesmo que estes estudantes estejam usando faculdades que vocês ainda não desenvolveram. Devem aceitá-las apenas pelo que são - observações sujeitas à modificação, correção e revisão, e mantê-las dentro de uma visão flexível, como hipóteses temporariamente aceitas até que sejam confirmadas ou negadas por observações ulteriores, inclusive as suas próprias. Se elas iluminam obscuridades, se conduzem a uma sã moralidade, pegue-as e use-as; mas nunca deixe que se transformem em grilhões para sua mente nem obstáculos para seu pensamento. Estude estes livros, mas não perca o senso crítico; entenda-os, mas deixe seu julgamento em suspenso; estes livros são úteis como auxiliares, mas perigosos como mestres; devem ser estudados, não adorados. Tenha suas próprias opiniões, não peça emprestado as dos outros; não tenha tanta pressa de saber que você aceita o conhecimento de outros, porque as opiniões definitivas e acabadas, como certas roupas compradas prontas, nunca servem muito bem nem são apropriadas.

Há uma perigosa tendência na Sociedade Teosófica a dar autoridade a livros de observações, ao invés de usá-los como material de estudo. Não devemos aumentar o número já existente daqueles que acreditam cegamente, mas sim o número dos estudantes sóbrios e sensatos, que pacientemente formam suas próprias opiniões e educam suas próprias faculdades. Use seu próprio julgamento para cada observação que lhe for submetida; examine-a tão completamente quanto possível; critique-a do modo mais completo possível. Vocês não nos prestam um bom serviço quando transformam estudantes em papas e repetem, como papagaios, afirmações que não sabem se são verdadeiras. Além disso, a crença cega gera o ceticismo igualmente cego; vocês colocam um estudante num pedestal e o chamam em voz alta de profeta, apesar de seus protestos; mas depois, quando descobrem que cometeu algum erro, como ele advertiu que provavelmente ocorreria, dão-lhe as costas, arrasam-no e o tratam cruelmente. Vocês o ridicularizam quando deveriam ridicularizar sua própria cegueira, sua própria estupidez, sua própria ansiedade por acreditar.

Já não será tempo de deixarmos de ser crianças e começarmos a ser homens e mulheres, compreendendo a grandeza das nossas oportunidades e a pequenez das nossas realizações? Já não será hora de oferecer à Verdade a homenagem do estudo em vez da credulidade cega? Estejamos sempre prontos a corrigir uma impressão errada ou observação imperfeita, e a caminhar com olhos abertos e mente alerta, lembrando que o melhor serviço à Verdade é o exame. A Verdade é um sol que brilha com sua própria luz; uma vez visto, não pode ser rejeitado. "Que lutem a Verdade e a falsidade; quem alguma vez viu a Verdade perder numa justa confrontação?"

GLOSSÁRIO

Adeptos — Termo usado para indicar os "Iniciados" na ciência secreta. A palavra significa "perito" (*skilled*) – alguém que é especializado na sabedoria esotérica.

Alamkāra — O "produtor do eu", a noção do "eu" individual, *Aham* é o "eu" e *kāra* significa "fazer", ou criar o egoísmo.

Ananda — Felicidade, alegria, bem-aventurança.

Ātma(n) — Pura Consciência, Espírito, o Ser Universal no Homem.

Avatar ou Avatāra	É a manifestação de uma consciência divina através de uma forma ilusória individualizada. Esta forma humana não teve "encarnações anteriores".
Bhagavad-Gitā	Texto clássico (filosófico-religioso) da Índia antiga, onde Arjuna é instruído por Krishna.
Bhakti	Devoção, adoração. A *Bakti Yoga* é a via da devoção, da comunhão com o Ser Supremo.
Brahman	O Todo, o Ser Universal, a Divindade, o princípio incognoscível do Universo.
Daitya	Titãs ou gigantes, filhos de *Diti* (na mitologia do *Vishnu-Purāna*).
Dugpa	Formas mentais, criadas pelo pensamento, que visam enganar os aspirantes (neófitos) na senda oculta.
Elementais	Os "espíritos da Natureza", forças invisíveis relacionadas aos quatro elementos.
Hamsa	Ave mística (cisne, pelicano) que representa a sabedoria divina.

Jivanmuktas	Um ser que atingiu a Libertação (a iluminação).
Jivātma	A vida universal no homem, o espírito universal (*Ātma*) presente no homem.
Kāli	A esposa de *Shiva*.
Karma	Ação, a lei de harmonia e equilíbrio, causa e efeito.
Loja Branca	A Grande Fraternidade Branca, a Hierarquia da Compaixão.
Mahātma	Instrutor, mestre, ser de elevada estatura espiritual.
Māyā	Ilusão, poder cósmico que possibilita a existência fenomenal.
Moksha	Libertação, iluminação (Nirvana).
Mônada	A unidade indivisível (em grego), a centelha divina, uma emanação do Logos.
Neófitos	Aprendizes na ciência oculta.
Ocultismo	A Arte Real, "Ciência da Vida" ou *Ātma-Vidya*. Segundo Blavatsky, o verdadeiro ocultismo consiste na grande renúncia ao "eu".

Prakriti	Matéria, a energia que é o substrato da Natureza.
Prāna	Vitalidade, energia vital.
Shiva (Śiva)	3ª pessoa da trindade Hindu, o aspecto "transformador" (renovador).
Vairāgya	Desapego, desprendimento. Não identificação com *nāga* (os desejos).
Vāsana	Impressões, tendências presentes na memória.
Viveka	Discernimento, a reta percepção de distinguir o real.
"Voz do Silêncio (A)"	Obra com textos do budismo *Mahayana*, traduzida e editada por Blavatsky.
Yoga Vāsishtha	Texto de *vedanta advaita*, a filosofia da Índia que enfatiza a identidade entre *Ātma* e *Brahman*.

Maiores informações sobre Teosofia e o Caminho Espiritual podem ser obtidas escrevendo para a **Sociedade Teosófica no Brasil** no seguinte endereço: SGAS - Quadra 603, Conj. E, s/nº, CEP 70.200-630 Brasília, DF. O telefone é (61) 3322-7843. Também podem ser feitos contatos pelo fax (61) 3226-3703 ou e-mail: st@sociedade teosofica.org.br site: www.sociedadeteosofica.org.br.

gráfika®
papel&cores

(61) 3344-3101
papelecores@gmail.com